공동선이 없으면
우리는 공동체가 아니라 군중이 된다.

KB271951

타우마제인

Cover Letter

이한구
경희대 석좌교수, 대한민국 학술원 회원이다.
열린 사회를 연구하고 있다.

공동선, 우리가 함께 연주하는 선율

공동선(common good)은 어떤 개인을 위한 선이 아니라 공동체의 구성원 전체를 위한 선이다. 선은 우리가 추구하는 도덕적 이상이다. 공동체는 구성원들의 단순한 집합이 아니다. 다수의 사람들이 동일한 공간에 함께 거주한다 해서 공동체가 성립하는 것은 아니다. 공동체는 구성원들이 서로의 삶이 상호 연관되어 있음을 인정하고, 그 연관성을 유지하려는 어떤 도덕적 목표를 공유할 때 비로소 형성된다. 그 목표의 핵심에 놓여 있는 것이 바로 공동선이다.

공동선은 공동체가 산출한 결과가 아니라, 공동체를 가능하게 하는 전제이자 기반이다. 그것은 한 사회가 함께 연주하는 교향곡과 같다. 각 악기가 고유성을 잃지 않으면서도 다른 악기를 침묵시키지 않고 오히려 다른 악기의 소리를 통해 더 풍부해지는 조화의 상태다.

공동선과 비슷한 단어로 공공선(public good)이 있다. 일상생활에서는 가끔 혼용되기도 하지만, 두 단어는 사용되는 맥락이 다르다. 공동선은 공동체의 목적이나 규범에 관한 개념이다. 어떤 사회가 좋은 사회인가, 어떤 공동체가 바람직한가라는 질문을 전제한다. 그래서 항상 규범적이고 정치철학적 논쟁을 불러온다. 반면에 공공선은 경제학이나 공공정책의 대상이 되는 재화의 공급 방식에 관한 개념이다. 이 재화를 시장에 맡길 것인가, 국가가 관리할 것인가, 철도회사를 공기업으로 할 것인가 사기업으로 할 것인가 하는 것은 공공선에 관한 문제이다.

공동선에 대한 가장 고전적인 철학적 정식은 아리스토텔레스에게서 발견된다. 그는 인간을 정치적 동물로 규정하면서, 국가는 단순한 생존을 넘어서 '잘 사는 삶'을 실현하기 위해 존재한다고 보았다. 이때 '잘 사는 삶'은 개별적 쾌락이나 이익의 총합이 아니라, 공동체 전체가 함께 실현하는 좋은 삶의 조건을 의미한다. 인간은 공동체 안에서만 자신의 이성과 덕을 완전히 실현할 수 있다. 따라서 공동선은 국가가 지향해야 할 목적이며, 법과 제도는 이 목적을 향해 조직되어야 한다. 또한 공동선은 개인에게 억압적으로 부과되는 목적이 아니라, 오히려 개인의 탁월성이 실현될 수 있는 조건이다. 정의로운 제도, 신뢰 가능한 규범, 상호 책임의식은 개인의 자유를 제한하는 장치가 아니라, 자유가 공허한 형식으로 전락하지 않도록 지탱하는 토대이다.

아리스토텔레스는 정치체제를 두 범주로 나눈다. 지배자가 공동선을 추구하면 올바른 정체고, 지배자의 사익을 추구하면 타락한 정체다. 말하자면, 올바른 정치체제란 지배자가 자기 이익이 아니라 공동선을 추구하는 체제라는 이야기이다.

공동체주의자들이나 공화주의자들도 공동선을 정치 공동체의 고유한 목표로 재확인한다. 그들은 공동선을 단순한 다수의 이익이 아니라, 공동체 전체의 완전성을 증진하는 질서라고 규정한다. 이 규정은 중요한 통찰을 담고 있다. 공동선은 다수결로 결정되는 사안이 아니며, 숫자의 우위로 환원되지 않는다. 그것은 공동체의 구조와 방향성을 규정하는 질적 기준이다. 이들은 공동체가 공동선을 상실할 때, 제도는 외형만 남고 구성원들은 상호 불신 속에 분열된다고 본다.

❖❖❖

그렇지만, 과연 공동체 구성원 모두가 함께 추구할 도덕적 이상이 있을까? 우리는 제 각기 다른 종교를 갖고 있고, 다른 도덕과 이상을 갖고 살고 있는 것이 아닌가? 공동의 이상을 설정하려다 오히려 우리의 자유와 권리를 침해하는 것은 아닐까? 사실 근대 이후 자유주의는 개인의 권리를 중심에 놓음으로써 공동선 개념을 경계하는 경향을 보였다. 존 로크는 정치권력의 정당성을 개인의 자연권보호에서 찾았으며, 국가는 사적 권리를 침해하지 않는 한에서만 정당하다고 보았다.

현대는 다원주의 사회다. 다원주의 사회란 그 구성원들이 서로 다른 가치관과 삶의 방식을 갖고 살아가는 사회이다. 이때 공동선을 하나의 도덕적 교설로 강제하는 것은 또 다른 억압이 될 수 있다. 그렇다면 다원주의 사회에서는 무엇이 우리를 한 공동체의 구성원으로 만드는 것일까? 왜 우리가 같은 목표를 갖고 있지 않으면서도 흩어지지 않고 한 공동체 안에서 함께 사는 것일까?

존 롤즈는 이러한 상황에서 공동선 대신에 정의를 제시한다. 정의란 공정한 절차의 원칙이다. 권리와 의무를 분배하는 원칙이다. 이런 정의의 원칙에 동의한다면 목표가 다르더라도 함께 공동체의 구성원이 될 수 있다는 것이다. 자유 민주주의의 번성기 때, 정의의 문제가 우리의 주된 관심사가 된 이유가 여기에 있다. 우리 사회에서도 마이클 샌델의 『정의란 무엇인가』가 베스트셀러에 오른 적이 있다.

정의가 어떻게 공동체의 기반이 될 수 있는가? 정의는 다양한 가치관이 공존하는 사회에서 최소한의 합의를 가능하게 하는 틀이다. 정의의 관점에서 보면, 정의의 틀은 공동체가 당면한 이해관계의 충돌을 조정할 수 있다. 정의 없는 공동체는 단순한 이해 집단이거나 지배 구조에 불과하다. 반대로 정의가 작동하는 공동체는 각자의 차이를 인정하면서도 공존의 질서를 유지한다. 그러므로 정의는 공동체 위에 덧붙여진 장식이 아니라, 공동체를 공동체이게 만드는 근본 조건인 것이다.

정의가 쉽게 실현될 수 있을까? 정의만 실현되면 공동체의 존립과 번영에는 아무런 문제점이 없게 될까? 여기에도 문제가 있다. 공동체가 단순히 권리와 의무의 배분체계에 머물 경우, 구성원들은 서로를 공동 운명의 동반자가 아니라 경쟁자로 인식하게 된다. 그 결과 정치적 공간은 협력의 장이 아니라 이해 관계의 교환소로 전락할 수 있다. 정의의 기준에 합의를 보기도 어렵다. 상황에 따라 정의의 기준은 달라질 수 있기 때문이다.

공동체는 제도적 틀을 넘어, 상호 신뢰와 연대의 감정적 토대를 필요로 한다. 팬데믹, 기후 위기, 경제적 양극화와 같은 문제들은 개인의 선택이나 정의만으로 해결될 수 없다. 구성원들이 서로의 취약성을 인정하고, 타인의 고통을 자신의 문제로 받아들일 때에만 공동체는 위기를 극복할 수 있다. 여기서 공동선은 다시금 우리의 관심을 끈다.

공동선이 공동체의 기반이라는 명제는 결국 인간 존재의 상호의존성을 인정하는 데서 출발한다. 우리는 독립된 원자적 개인으로 존재하지 않는다. 우리의 언어, 제도, 경제, 문화는 모두 타인과의 관계 속에서 형성된다. 공동선은 이 관계망을 유지하고 심화하는 방향성을 제시한다. 이것이 무너질 때 공동체는 해체되고, 남은 것은 고립된 개인들의 불안한 집합뿐이다.

따라서 공동선은 선택 가능한 하나의 가치가 아니다. 그것은 공동체가 공동체로 존재하기 위한 조건이다. 공동선을 성찰하고 갱신하는 작업은 곧 공동체의 자기 이해를 갱신하는 작업이다. 공동선을 외면한 자유는 공허해지고, 공동선을 억압적으로 강제한 공동체는 경직된다. 중요한 것은 자유와 공동선을 대립항으로 세우는 것이 아니라, 자유가 공동선 속에서 실질적 의미를 갖고, 공동선이 자유를 통해 살아 움직이도록 만드는 일이다. 법의 지배, 권력의 분립, 공적 토론의 활성화는 모두 공동선의 일부이다. 공동선은 개인의 자유와 대립하지 않는다. 오히려 그것은 자유가 구조적으로 보장되기 위한 조건이다.

공동선은 완성된 상태로 주어지지 않는다. 그것은 끊임없는 토론과 비판, 참여와 실천을 통해 형성된다. 공동체는 공동선을 향한 지속적인 노력 속에

서만 유지된다. 이 중에서도 지도자를 선택하는 일이 특히 중요하다. 그렇다
면 지도자로 자처하는 자가 공동선의 실천자인지, 아니면 사익을 추구할 자
인지를 잘 살펴야 하지 않을까?

CONTENTS

Short Bites

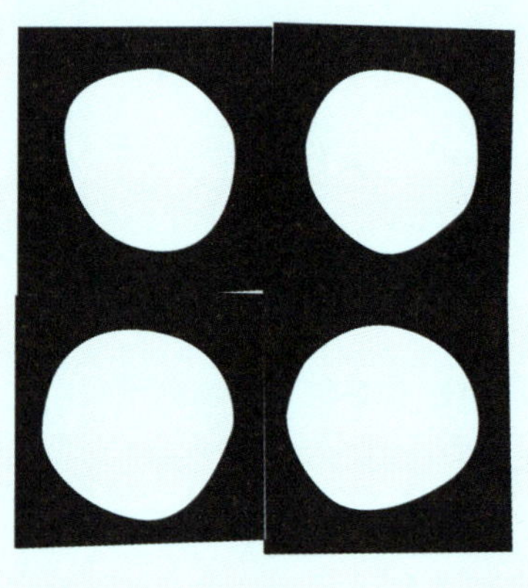

좋은 삶과 좋은 공동체
: 공동선의 기원

김영균
전 청주대 철학과 교수이며, 현재 청주인문아카데미 원장이다.
플라톤 형이상학과 윤리학의 연관성을 탐구하며, 철학을 삶의 방식으로 사유한다.

공동체의 좋음이나 이익을 뜻하는 '공동선'이라는 개념에는 사실 어려운 질문이 들어 있다. 바로 공동체와 개인의 관계를 어떻게 설정할 것인가 하는 문제다. 개인의 이익과 공동체의 이익 가운데 무엇을 더 우선해야 하는지, 두 가지를 조화롭게 묶을 수는 있는지 같은 물음은 오래전부터 지금까지 계속 논쟁의 대상이 되어왔다. 특히 현대 자유주의를 옹호하는 사상가들은 개인의 자유와 권리를 중시하기 때문에 '공동선'이라는 개념 자체에 다소 비판적인 태도를 보인다. 공동선을 앞세우는 순간, 개인의 자유가 억압되고 권리가 침해될 수 있다고 보기 때문이다. 하지만 공동체의 이익을 외면한 채 각자가 자신의 사적 욕망과 이익만을 좇는다면, 과연 사회가 공동체로서 제대로 기능할 수 있을까? 이 질문은 여전히 유효하다. 서양에서 공동선의 중요성을 본격적으로 강조하고, 오늘날 철학적 논의의 토대를 마련한 인물은 플라톤과 아리스토텔레스였다.

플라톤이 생각한 '좋은 나라'는?

플라톤은 『국가』에서 어떤 나라(폴리스)가 '좋은 나라'인지 살피면서, 먼저 국가의 기원과 목적을 설명한다. 그의 말에 따르면 "나라가 생기는 것은 우리 각자가 자족하지 못하고 여러 가지 것이 필요하기 때문"이며, 사람들이 서로 필요한 것을 주고받는 것은 그렇게 하는 편이 '더 좋다'고 여기기 때문이다. 이는 인간이 본성적으로 다양한 욕구를 지니고 있지만, 이를 혼자 힘으로는 충족할 수 없기에 서로 의존하게 되고, 그 결과 국가가 형성되었다는 뜻이다. 국가는 상호 필요에서 출발한 공동체인 셈이다. 따라서 구성원 각자가 자신의 역할을 제대로 수행할 때 비로소 나라다운 나라가 된다. 특히 중요한 것은 수호자 계층의 역할이다. 플라톤은 이들에게 사유재산을 일절 허용하지 않고 공동생활을 하도록 제안한다. 이는 권력 남용을 원천적으로 막기 위한 장치였다. 만약 나라에서 가장 중요한 공적 책임을 맡은 수호자들이 자신의 권력을 이용해 사익을 추구한다면, 국가는 근본부터 흔들릴 수밖에 없다.

하지만 대화자들은 이런 방안에 곧바로 이의를 제기한다. 수호자들이 나라에서 좋은 것을 누리기는커녕, 그저 파수꾼 역할만 하는 존재가 아니냐는 것이다. 이렇게 해서 과연 그들이 행복할 수 있느냐는 질문이다.

그러나 소크라테스는 이러한 문제 제기를 받아들이지 않는다. 그는 국가가 특정 집단의 행복이 아니라 시민 전체의 행복을 위한 것임을 강조한다. 구성원 각자가 자신의 역할을 제대로 수행하지 못한다면, 국가 자체가 성립할 수 없다고 말한다. 이 대화는 훗날 '공동선' 논의의 중요한 토대가 되었다. 개인의 행복은 그것을 가능하게 하는 '나라 전체의 좋음'을 떠나서는 성립하기 어렵다는 생각이다. 다만 이런 주장은 한편으로, 공동체의 이익을 앞세우는 과정에서 개인의 이익이 희생될 수 있다는 우려도 함께 낳았다.

하지만 플라톤이 공동체의 좋음과 개인의 행복을 서로 대립하는 것으로 보지 않았다는 점은, 그가 '좋은 나라'를 가능하게 하는 조건으로 제시한 '올바름'의 정의에서 분명하게 드러난다. 플라톤에 따르면 나라의 올바름이란, 통치자에게 적합한 사람이 통치자의 역할을 수행하고, 전사에 적합한 사람은 전사의 역할을, 생산 활동에 종사하는 사람들은 각자에게 맞는 일을 할 수 있도록 법과 제도가 마련되는 상태를 말한다. 그리고 이런 삶의 방식이 양육과 교육을 통해 실제로 구현될 때 비로소 나라가 바로 선다.

그렇다면 이러한 구성 원리는 나라 전체의 이익을 위해 개인의 이익을 침해하는 것일까? 우리는 보통 자신에게 맞는 일을 할 수 있을 때 더 행복하다고 생각한다. 그런 의미에서 '좋은 나라'란 개인이 자신의 적성에 맞는 역할을 수행하며 살아갈 수 있도록 돕는 나라라고 할 수 있다.

아리스토텔레스, 바른 정치의 기준을 묻다

플라톤의 제자 아리스토텔레스는 스승의 형이상학적 입장에는 비판적이었지만, 좋은 공동체 안에서만 개인이 행복할 수 있다는 점에서는 뜻을 같이했다. 그는 『정치학』 1권에서 "인간은 본성상 '폴리스를 이루어 사는 동물'이다"라고 말한다. 이 유명한 문장은 인간이 혼자서는 살 수 없으니 함께 살아야 한다는 단순한 의미를 넘는다. 만약 인간이 단지 협력을 통해 생존을 도모하는 존재라면, 벌이나 다른 군서 동물과 크게 다르지 않을 것이다. 인간을 특별하게 만드는 것은 말(로고스)을 사용할 수 있다는 점이다. 인간은 말을 통해 좋고 나쁜 것, 정의로운 것과 정의롭지 못한 것에 대해 서로 의견을 나눈다. 그리고 어떻게 사는 것이 최선인지 함께 고민한다. 이런 점에서 인간은 단순히 무리를 이루는 동물이 아니라, 대화와 숙고를 통해 삶의 방향을 모색하는 존재다.

아리스토텔레스는 폴리스가 단지 '사는 것'이 아니라 구성원들이 '잘 사는 것'(eu zēn, 곧 행복)을 위해 존재한다고 말한다. 그래서 인간은 본성적으로 공동체 안에서 타인과 더불어 말하고 숙고하며 좋은 삶을 찾는 '정치적 동물'이다. 또한 그는 개인과 가정이 폴리스와의 관계 속에서만 제 기능을 발휘할 수 있다고 보았다. 그런 의미에서 폴리스는 개인이나 가정보다 우선하는 공동체라고 생각했다.

사람들이 어떤 정치체제에서 살아가느냐에 따라 삶의 방식은 달라질 수 있다. 그렇기 때문에 정치학은 다양한 정체(政體)에 대한 분석을 필요로 한다. 여기서 말하는 '정체'란 단순히 정부의 형태를 뜻하는 것이 아니라, 누가 통치하는지, 어떤 목적을 위해 통치하는지, 그리고 권력이 어떻게 행사되는지를 규정하는 정치의 기본 구조를 말한다. 아리스토텔레스는 『정치학』 3권에서 폴리스를 지배하는 여러 정치체제를 검토하며, 그중 어떤 정체가 최선인지 밝히고자 한다. 그에 따르면 폴리스의 목적은 '잘 사는 것'이다. 따라서 폴리스는 시민을 훌륭하고 정의로운 존재로 길러, 그들의 덕을 증진시켜야 한다. 만약 이런 기능을 하지 못한다면, 공동체는 단지 법에 근거한 계약이나 이해관계의 동맹에 불과하게 된다. 폴리스는 단순히 함께 살아남기 위해 존재하는 것이 아니라, 훌륭하게 실천하며 살아가기 위해 존재한다.

다시 말해, 폴리스는 시민들이 법을 지키고 서로에게 불의를 저지르지 않는 데 그치는 공동체가 아니다. '잘 살기'를 바라는 시민들의 참여 속에서 비로소 활력을 얻는다. 그래서 폴리스의 목적은 정의를 확립하고 집행하는 데 있으며, 정치체제와 법을 통해 시민적 덕을 함양하는 데 있다. 이러한 관점에서 어떤 정체가 좋은지에 대한 기준도 분명해진다. 아리스토텔레스는 공동의 이익을 추구하는 정치체제를 '바른 정체'로, 통치자들의 사적 이익만을 추구하는 체제를 '잘못된 정체'로 구분한다. 바른 정체에서는 시민들이 동등한 자격으로 공적인 문제에 참여해 공동체의 좋음을 함께 모색한다. 이처럼 공동의 이익, 곧 '공동선'은 바른 정치체제와 잘못된 정치체제를 가르는 중요한 기준이 된다.

좋은 공동체 안에서만 좋은 삶이 가능하다

플라톤과 아리스토텔레스가 공유한 생각은 분명하다. 인간이라면 추구해야 할 가치 있는 '좋은 삶'이 있으며, 그런 삶은 좋은 공동체 안에서만 가능하다는 것이다. 하지만 현대의 개인주의적 자유주의는 다른 입장을 취한다. 국가는 '좋은 삶'을 규정할 수 없고, 무엇이 좋은 삶인지는 각자가 스스로 선택하고 결정해야 할 문제라고 본다.

이런 입장은 역사적 경험에서도 힘을 얻는다. 한때 아프가니스탄을 지배했던 탈레반 정권과 같은 종교적 극단 세력은 '공동선'이라는 이름 아래 여성의 자유를 억압하고 정치적·종교적 반대자들을 탄압했다. 이러한 사례를 떠올리면, 어떤 집단도 공동체의 이익을 명분으로 특정한 삶의 방식을 강요해서는 안 된다는 주장이 충분히 설득력을 갖는다. 그렇다고 해서 우리가 공동체가 공유할 수 있는 공통의 선이나 규범적 토대에 대한 탐구까지 포기할 필요는 없다. 만약 그런 시도를 완전히 내려놓는다면, 공동체는 단순한 이해관계의 집합으로 흩어질 위험이 있다.

오늘날에도 이 문제를 둘러싼 논의는 계속되고 있다. 다만 그 깊은 바탕에는 여전히, 좋은 공동체 안에서만 좋은 삶이 가능하다는 고대 서양 철학자들의 문제의식이 자리하고 있다.

공동선은

이상인가, 현실인가?

Raphael <The School of Athens>

개인주의자의 공동선

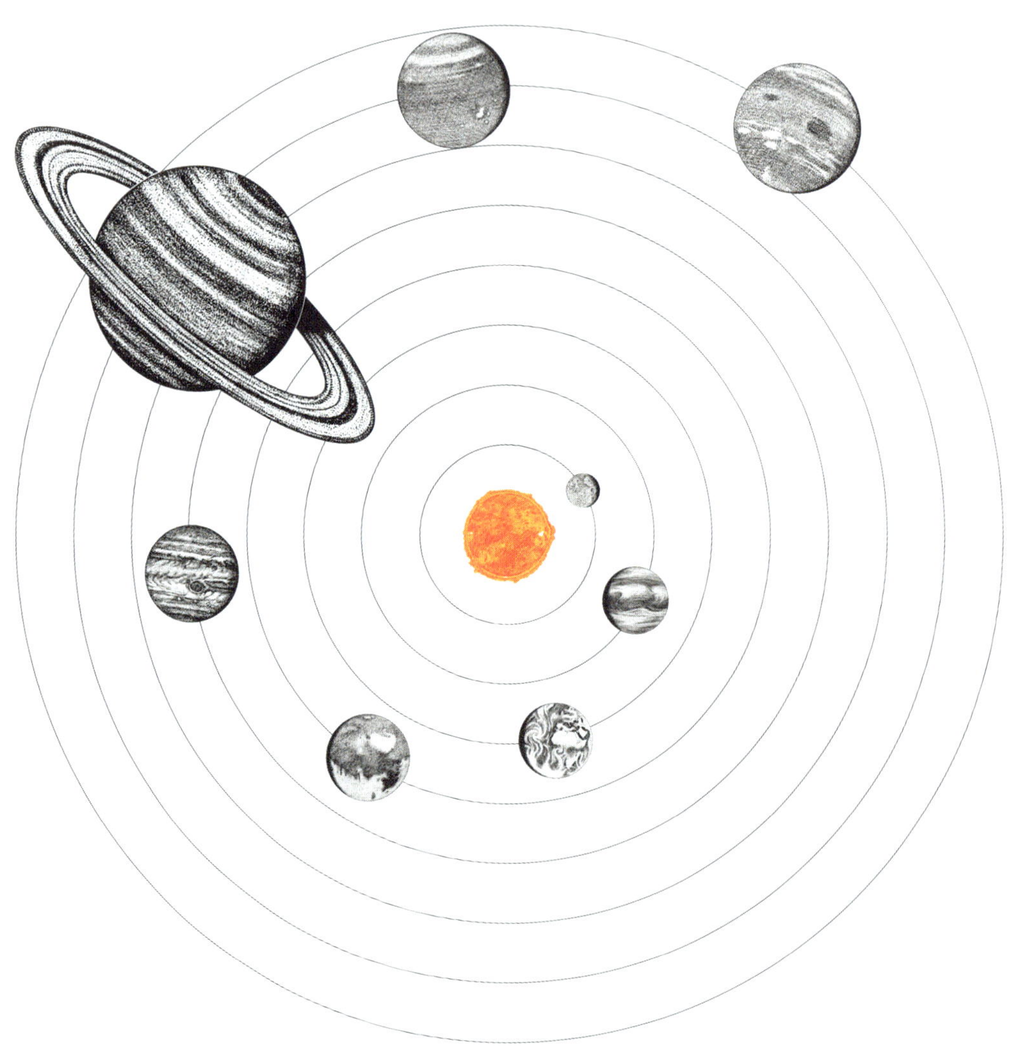

이병태

경희대학교 후마니타스 칼리지 교수이다.

사회·정치·문화·기술 문제를 철학적으로 성찰하며, 한국근현대사상사와 철학사를 연구한다.

달라진 강의실 풍경

 대학 강의실의 풍경은 세월이 흘러도 크게 달라지지 않는 듯하다. 공간과 책상, 의자, 학생과 교수라는 구성 요소만 놓고 보면 실제로 변한 것이 없어 보인다. 그러나 조금 더 찬찬히 들여다보면 이미 많은 것이 달라져 있음을 알 수 있다. 오래 강단에 서 온 이들이라면 이 변화를 자연스럽게, 그리고 분명하게 감지할 것이다. 분필과 칠판 같은 교구는 이미 오래전에 대체되었고, 강의실에는 PC가 배치되었으며 냉난방 시설도 완비되었다. 책상과 의자 또한 요즘 청년들의 체형에 맞게 바뀌었다. 이는 당연한 변화일 뿐 아니라 어쩌면 바람직한 일이기도 하다. 교육의 장 역시 변화하는 세계에 마땅히 조응해야 하기 때문이다. 보다 눈에 띄는 변화는 비교적 최근에 나타났다. 책과 노트, 필기구가 학생들의 책상 위에서 거의 사라진 것이다. 그 자리는 태블릿과 노트북으로 대체되었고, e-book과 PDF 파일, PPT 화면 촬영, 강의 녹화가 일상이 되었다.

 하지만 가장 극적인 변화는 이렇게 눈으로 확인할 수 없는 데서 일어났다. 저 모든 풍경과 무관한, 이른바 '비대면' 온라인 강의가 소리 없이 자리 잡았고 빠르게 확대되고 있는 것이다. 수업은 더 이상 하나의 공간과 그 속에 배치된 요소들을 공유하는 경험이 아니다. 더욱이 일정 기간 내에 수강할 수 있도록 설정된 강의는 수업의 동시성 또한 해체된다. 대학 강의는 이제 시간이든 공간이든 더 이상 '함께'하는 것으로 정의하기 어렵다. 따라서 대학의 '강의'란 말은 공인된 교수자와 학생이 참여하는 수업이란 공통점을 제외하면, 그 어원의 함축과 상당히 거리가 생긴 듯하다. 본디 'Vorlesung(강의)'은 교수자가 준비한 노트를 '앞에서(Vor-)' '읽고(lesen)' 학생들이 받아적는 형태를 의미하는데, 이제는 받아 적는 일도, 심지어 마주하는 일도 점차 줄어들고 있다.

 이처럼 조용하면서도 급격한 변화를 마주하면 여러 생각이 꼬리를 물게 된다. 그 가운데 하나는 이렇게 달라진 디바이스 속에 재배치된 청년들의 내면에 관한 것이다. 물론 '내면'이라는 말은 그 의미가 너무 넓어 더없이 모호한 말이니 그 의미를 조금 구체화해 보자. 이 말을 청년들이 품고 있는 삶의 전망, 가치관, 도덕적 신념 등으로 한정한다면, 이는 이전 세대와 어떤 차이를 드러낼까?

 대학 강의의 풍경이 좀 달라진 것을 놓고 이토록 거창한 질문을 던지는 일은 언뜻 보기에 무리한 비약처럼 보인다. 복합적인 계기들이 교차하며 상호 작용하는 역사적 영향이라면 모를까, 단순히 수업의 형태나 그와 연관된 디바이스가 변한 것만으로 가치관과 신념의 세대차를 묻고 또 논할 수는 없어 보이기 때문이다. 하지만 일상에 배치된 다양한 물건들, 그리고 그와 조화로운 관계를 맺어가는 삶은 그 자체로 이미 역사적 변화를 압축해 드러낸다. 우리가 무심히 사용하는 다양한 물건들, 그리고 그에 익숙해진 일상은 우리가 몸담고 있는 현실과 그 흐름을 분명하게 담고 있다.

모둠수업의 공포

강의실 풍경과 수업 형태의 변화를 잘 들여다보면 일정한 수렴점이 드러난다. 바로 사람과 사람 사이는 더 멀어지고, 새로운 미디어와 디바이스가 그 자리를 채우고 있다는 사실이다. '물리적' 특징의 일부가 인간 세계에서 소멸하고 있다고 할까. 직접 사람을 대할 일도, 필기를 할 필요도 없으니 말이다. 그래서인지 대학생들이 가장 기피하는 수업은 이른바 '모둠(조)'으로 운영되는 수업이다. 무엇보다 이런 수업방식에서 개인적인 노력과 평가가 비례하지 않을 수 있음이 이들에게 일단 불공정성으로 여겨지기 때문이다. 이들은 이러한 수업에서 개인의 노력과 평가가 반드시 비례하지 않을 수 있다는 느끼곤 한다. 모둠 구성원들 간의 협력관계 구축이 평가에 큰 영향을 미치는데, 이 관계는 구성원들의 성향에 따라 단단해질 수도, 취약해질 수도 있다. 그런데 어떤 구성원을 만날지는 개인의 의지와 무관하다. 말하자면 우연적 요소가 너무 크게 작동하고 이는 노력이 아니라 '운'에 의해 성적이 좌우될 가능성으로 받아들여진다. 하지만 불공정성의 문제만으로 '모둠'형 수업의 기피를 설명하기는 어렵다. 청년들에게 그것이 낯설고 편치 않은 방식이라는 점이다. 원치 않음에도 불구하고 다른 이와 함께 해야만 하는 일 자체가 이들의 범상한 일상에서 벗어나는 사건이기 때문이다. 더욱이 삶의 지향과 가치관, 종교, 취향 등이 다른 이들과 공동의 목적을 향해 나아가는 것은 성장의 경험보다 압도적으로 더 큰 피로감을 주는 것처럼 보인다. 말하자면, 따로 행하고 따로 평가받는 일, 즉 적절한 '격리'가 이들에게 훨씬 편안한 것이다. 물론 사람에 따라, 즉 성장배경이나 성격에 따라 이런 피로감은 상당히 무거운 것일 수도 있고 거의 느껴지지 않을 수도 있다. 드물긴 하지만 '함께함'을 거리낌 없이 마주하는 이들도 있다. 그러나 이들의 의욕은 대개 전혀 상반된 성향의 사람들과 마주할 때, 꺾이지 않고 관철되기가 쉽지 않아 보인다.

'존재의 대연쇄'와 그 해체

대학은 세상과 일정하게 거리를 둔 공간으로 여겨지곤 한다. 하지만 결코 그렇지 않다. 우리 시대의 일반적 특징은 어떤 형태로든 어디서든 두드러지게 나타나기 마련이다. 달라진 강의실 풍경 또한 이런 특징의 한 단면이다. 이 특징은 복합적인 계기들의 교차가 낳은 결과이기에 하나의 개념으로 특정하기는 난감하지만, 그럼에도 앞의 논의를 고려한다면 '개인주의'로 정의하는 게

그나마 무난할 듯하다. 현대사회 및 그 특징을 거론할 때 식상할 만큼 자주, 그리고 오랫동안 사용되고 있는 용어이긴 하지만 그만큼 이 시대가 드러내는 일반적인 경향성을 적절하게 짚고 있긴 하니 말이다.

다만 여기서 말하는 개인주의는 특정한 도덕적 입장으로 엄밀히 한정하기보다, 삶의 태도 전반을 포괄하는 경향으로 이해할 필요가 있다. 서양 근대의 형성과 궤를 함께한 개인주의는 역사적 시기와 맥락에 따라 다양한 형태로 분화되었지만, 공통적으로는 그 이전의 오래된 세계관과 인간관을 비판하고 부정하는 과정 속에서 등장했다. 이 오래된 관점은 예컨대 서양의 경우 16세기 프란치스코회 수사 디에고 발라데스가 『기독교 수사학』에서 제시한 '존재의 대연쇄'로 대표되곤 한다. 이는 모든 존재의 하나로 연결되어 있다는 사고방식으로 하늘과 땅, 그리고 인간을 통일적으로 바라보았던 동양적 우주관과도 크게 다르지 않다.

동서를 가로질러 이처럼 늘 하나로 여겨지던 존재들의 그물망을 낱낱이 풀어헤침으로써 '개인주의'가 자리 잡았다. 이는 오랜 세계관이 품고 있던 서열과 위계, 그리고 그에 기반한 억압을 허무는 해방적 사건이기도 했지만 동시에 공통의 지반, 결속과 연대의 의미 또한 허무는 것이기도 했다. 사람과 사람, 사람과 자연 사이의 거리는 더 멀어졌고, 나아가 이 모두를 아우르는 지고의 존재 또한 그 권위와 위상이 추락한 지 오래다. 이 기조는 수백 년에 걸쳐, 그리고 정치, 경제적 구조의 격변과 연동하며 심화되었고, 이제 모든 사람들을 하나로 묶을 구심점은 희미해진 듯하다.

이처럼 '대연쇄'의 해체는 존재들 사이의 거리가 멀어졌다는 사실만을 의미하지 않는다. 시공간을 공유하며 공생할 수밖에 없는 인간의 관계가 무한히 멀어질 수는 없기 때문이다. 오히려 격리는 삶의 사소한 양식 속으로 스며드는 방식으로 심화된다. 예컨대, 미국의 정치철학자 마이클 왈저가 지적했듯이 함께 경배하는 신성한 날(Holy Day)은 그저 그런 휴일(holiday)로, 다시 텅 빈 시간(vacation)으로 변모했다. 우리들 삶 속에서 무언가를 함께 하는 시간과 그 의미는 점점 더 위축되고 있다. 대신 나만의 시간이 가장 중요한 것으로 부상했고, 이 시간은 다양한 문화적 소비 상품들에 의해 촘촘히 채워진다. OTT나 쇼핑, 취미생활 등이 있기에, 나만의 시간은 그다지 무료하지 않으며 공허하게 느껴지지 않는다.

함께하는 힘

지금의 강의실 풍경 속 청년들은 바로 이러한 시간 속에서 성장한 세대다. 그러니 '모둠'을 이루어 함께 수행하고 함께 평가받는 수업이 이들에게 곤혹스럽게 느껴지는 것도 무리는 아니다. 물론 이들의 태도와 그것을 낳은 시대적 조건을 비판할 수도 있다. 그러나 그 '풍경'의 한 요소로서, 그리고 그들과 함께해야 하는 교수자로서 일방적인 훈계에 머무는 일은 선뜻 내키지 않는다.

그래서 나는 이들에게 발상의 전환을 권하곤 한다. 다소 옹색한 제안일지 모르지만, 만남의 우연성을 단지 불공정의 위험이나 번거로움으로 치부하기보다, 이 시대 한가운데 놓인 자신을 성찰하는 계기로 삼아 보자는 것이다.

우리는 직장이나 직업 등을 선택할 수 있지만 이를 통해 어떤 사람을 만날지는 결코 '내'가 결정할 수 있는 게 아니다. 심지어 가장 가까운 부모, 형제조차 예외가 아니다. 직업 등 특수한 여건에 따라 관계 맺음의 강약은 다를 수 있을지언정 우리는 다른 이들과 함께하지 않으면 살아갈 수 없다. 만남을 선택할 수 없는 것이 필연이라면, 그리고 이런 만남을 결코 회피할 수 없다면, 우리가 유념하고 또 고려해야 하는 것은 이들과 함께 살아가는 법이다. 취향과 종교, 삶의 지향이나 가치관이 전혀 다를 수 있는 이들과 공통의 목적 하에 소통하고 협력하는 것, 이는 여전히 삶의 불가피한 조건이다.

더욱이 '다른' 이와 함께하는 힘은 역설적으로 개인주의의 시대에 더욱 절실하게 요청된다. 마주침을 회피하고 자기 자신에게 침잠하는 경향, 그로 인해 사람들 사이의 거리가 점차 벌어지는 현실을 떠올려보면 이는 한층 분명해진다. 관계의 분리 양상은 고정된 채 머무는 것이 아니라, 다양한 역사적·사회적 조건과 맞물리며 끊임없이 변한다. '학생' 또는 '청년'이라는 정체성은 관심, 취향 등에서 그나마 많은 공통점을 가진다. 그럼에도 불구하고 이들 사이의 '다름' 조차 쉽게 넘어서기 어렵다면, 세대 간 차이는 더욱 복잡해질 수밖에 없다. 현대 사회의 변화 속도가 예측하기 어려울 만큼 빨라졌다는 점을 고려하면 더욱 그렇다.

이는 '세대차'란 말이 함축하는 시간적 간극이 훨씬 짧아진다는 사실을 의미한다. 이제 '세대차'는 더 이상 생물학적 단위에 기반하는 차이만으로 볼 수 없다. 유행하는 SNS, 패션 등 문화적 기호 모두가 급변하면서 '세대'라는 단위는 이제 훨씬 더 짧은 시간으로 세분화되고 있다. 무언가를 공유하는 동질적 집단으로서 '세대'는 더욱 촘촘하게 나뉘고 있는 것이다. 그래서 넘어서기 힘든 '다름'을 지닌 이들은 앞으로 더 많아질 수 있고 그 '다름' 또한 깊어질 가능성도 커질 것이다. 이 시대, 그리고 개인주의는 '다름'을 감당하기 어렵거나 불편한 것으로 만들지만 동시에 그 다름의 깊이와 무게를 더 강화한다. 세파를 헤쳐 살아나가는 일은 이런 '다름'을 외면하거나 회피하지 않고 외려 당당하게 마주하여 넘어설 때 가능하다. 나와 다른 이들과 의연히 함께하는 역량은, 역설적으로 개인주의 시대에 훨씬 더 중요한 의미를 지닌다. 우리는 여전히 공통의 목적 아래 연결된 존재로 살아가고 있기 때문이다.

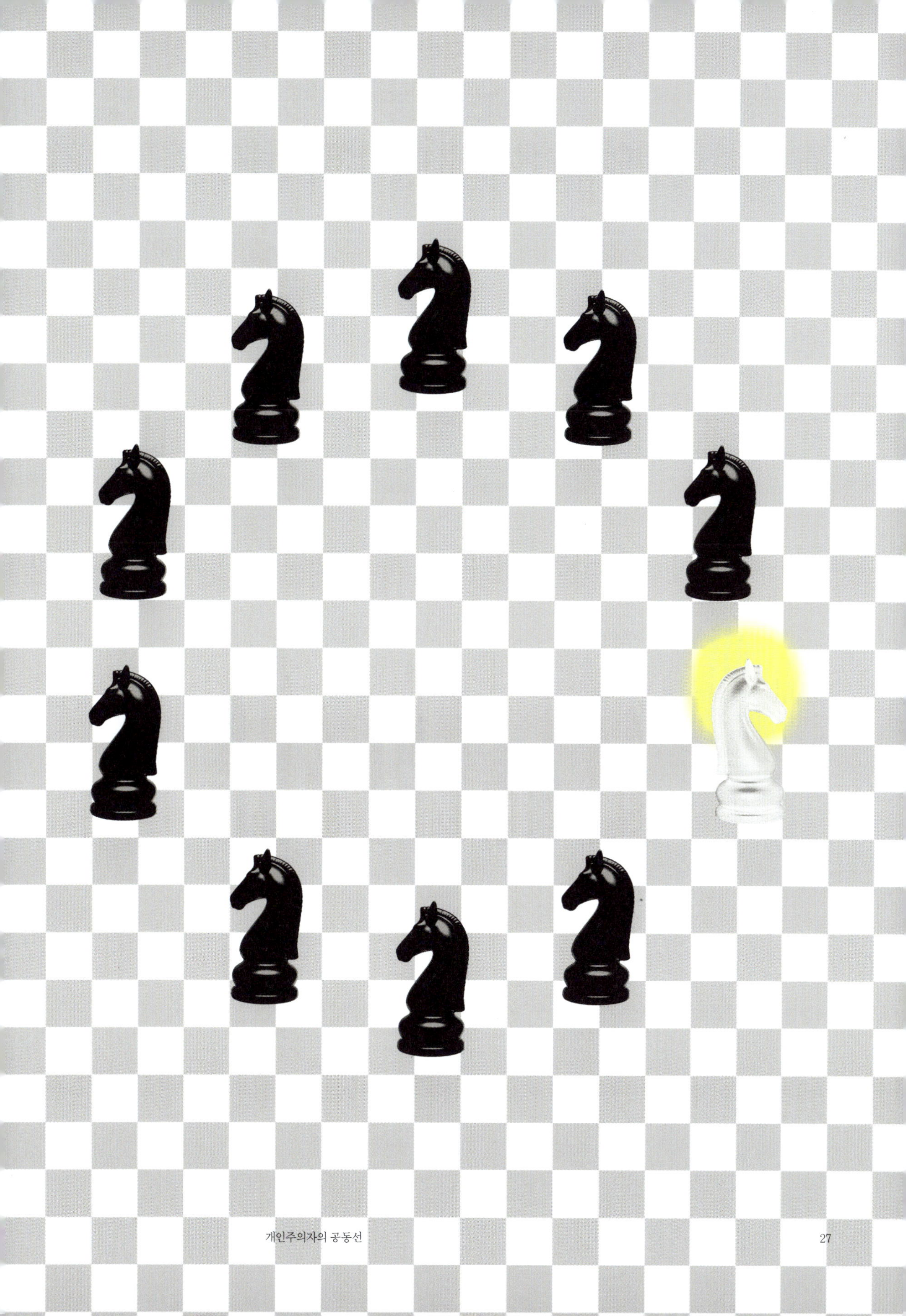

우리는
무엇을 보고 선택하는가

정연교

경희대학교 문과대학 철학과 명예교수이다.

정치철학을 연구하며, 시민적 자유와 공권력의 한계에 관심을 두고 있다.

선택의 기준은 어디에서 올까?

두 후보가 맞붙은 학생회장 선거를 떠올려 보자. 후보 1은 비교적 적극적인 공약을 내세운다. 현재보다 장학금 규모를 두 배로 확대하고, 동아리 활동을 활성화하기 위해 전용 공간을 마련하겠다고 약속한다. 또한 강좌 개설 과정에서도 학생들의 의견이 충분히 반영되도록 제도적 장치를 강화하겠다고 밝힌다. 이에 비해 후보 2의 공약은 보다 신중하고 점진적인 접근에 가깝다. 그는 장학금 총액을 일괄적으로 늘리기보다, 지원이 절실한 취약계층을 중심으로 장학 제도를 보완하겠다고 말한다. 동아리 지원 역시 새로운 시설을 확충하기보다는 자율성을 보장하고 행정적 제약을 완화하는 데 초점을 둔다. 강좌 개설 문제에서도 학교 당국과의 협의를 통해 현실적으로 가능한 합의를 이끌어내겠다는 입장이다.

두 후보의 차이는 단순히 '적극적이냐, 신중하냐'의 문제가 아닐지도 모른다. 재정 운용에 대한 판단, 학생 자치의 범위, 학교와 학생 사이의 권한 배분에 대한 관점 등 여러 요소가 복합적으로 얽혀 있기 때문이다. 그렇다면 여러분은 어떤 기준으로 후보를 선택하겠는가?

'공동선'은 '정의', '평화', '번영'과 마찬가지로 정치적 이상을 가리키는 말이다. 그러나 바로 그렇기 때문에 하나의 고정된 의미로 환원되기 어렵다. 사전은 이를 구성원 모두의 이익과 행복을 위한 정치·정책·제도의 총체로 정의하지만, 이러한 설명만으로는 실제 논쟁의 핵심이 무엇인지 충분히 드러나지 않는다. 정치적 이상으로서의 공동선 개념이 지닌 의미를 포착하기 위해서는 고대 아테네에서 발화하여 토마스 힐 그린 등에 의해 구체화되었고, 오늘날 마이클 샌델과 같은 학자들이 추종하는 공화적 공동체주의를 이해해야 한다.

공동체를 바라보는 두 가지 시선

공화적 공동체주의에 따르면 인간의 삶은 고립된 개인의 선택으로만 이루어지는 것이 아니라, 공동체의 일원으로서 맺는 관계와 실천 속에서 형성된다. 어떤 사람이 뛰어난 품성을 지녔거나 눈에 띄는 업적을 남겼다 하더라도, 공동체와 무관한 채 살아갔다면 그 삶을 온전히 평가하기 어렵다는 문제의식이 여기서 비롯된다. 그렇다면 공동체의 일원으로 산다는 것은 무엇을 뜻하는가? 그것은 단순히 소속을 공유하는 것을 넘어, 공적 사안에 관심을 기울이고 공익을 고려하는 태도를 갖는 일이다. 나아가 공동의 삶의 조건을 개선하기 위한 활동에 일정한 책임감을 가지고 참여하는 것을 의미한다.

물론 이들 사이에서도 어떻게 하는 것이 구성원 모두의 삶을 증진하는 것인가에 대해서는 다양한 의견이 있지만 이들이 이해한 공동선 개념은 적어도 세 가지 면에서 두드러진다. 첫째, 개인의 삶이 지닌 의미와 가치는 공동체적 관계와 분리될 수 없다는 점이다. 둘째, 공익을 중요한 도덕적 가치로 평가하며, 그러한 행위를 지향하는 시민적 품성에도 의미를 부여한다. 셋째, 공동체가 나아가야 할 방향이 언제나 즉각적인 다수의 의견과 일치한다고 보기는 어렵다는 것이다.

만약 공화적 공동체주의가 정치적 이상으로서의 공동선을 대표하는 정치적 비전이라면 이에 반하는 입장도 있기 마련이다. 아마 가장 크게 대비되는 입장은 고전적 자유주의일 것이다. 홉스와 로크를 거쳐 포퍼, 하이에크, 뷰캐넌 등이 계승한 고전적 자유주의는 공동체가 그 자체로 개인의 삶과 분리된 고유한 목적이나 가치를 갖는다고 보지 않는다. 이 관점에서 공동의 이익은, 구성원 모두가 동의할 수 있는 일반적 규칙과 제도적 틀 속에서 각자의 선택이 존중될 때 가장 잘 실현된다. 다시 말해, 공통의 목적을 실질적으로 강제하기보다는, 공정한 절차와 권리 보장을 통해 다양한 삶의 방식이 공존하도록 하는 것이 바람직하다고 본다. 또한 공동체가 나아갈 방향 역시 다수의 의사를 넘어서는 어떤 실체적 목표에 의해 미리 규정될 수 없다고 주장한다.

많은 사람들이 '공동선'이라는 표현을 사용하지만, 그 의미가 언제나 동일한 것은 아니다. 때로는 구체적 내용 없이 긍정적인 어감만을 앞세워 사용되기도 한다. 또한 상황에 따라 서로 다른 의미로 전환되어 쓰이고 있지는 않은지, 그 맥락을 세심하게 살펴볼 필요가 있다. '공동선'이라는 말이 설득력을 가지려면, 그것이 어떤 가치와 판단을 전제하고 있는지 함께 드러나야 하기 때문이다. 이와 더불어, 공동선을 어떻게 이해할 것인가를 둘러싸고는 서로 다른 정치적 관점이 존재하며, 그 차이는 각자가 현실을 바라보는 방식과 지향하는 사회상에서 비롯된다. 어느 입장이 더 설득력 있는지, 혹은 자신의 판단과 더 잘 맞는지는 충분히 숙고해볼 문제다. 분명 이들 중 어떤 것이 옳은지 혹은 어떤 것이 내게 더 맞는지 고민할 문제이지만 그저 처음 느낀 것을 그대로 믿는 잘못은 범하지 않는 것이 바람직하다.

자질과 리더십도 중립적이지 않다.

어쩌면 이렇게 생각할 수도 있을 것이다. 정치적 비전을 둘러싼 공화적 공동체주의와 고전적 자유주의 사이의 긴장은 피하기 어렵다 하더라도, 결국 더 나은 후보를 가려낼 기준이 전혀 없는 것은 아니지 않느냐는 것이다. 실제로 선거에서 우리가 주목하는 것은 후보의 이념적 입장이라기보다 개인적 자질일지도 모른다. 많은 이들이 후보를 선택한 이유로 품성과 능력을 꼽는다. 그렇다면 이러한 자질은 정치적 비전과 무관하게 평가될 수 있을까?

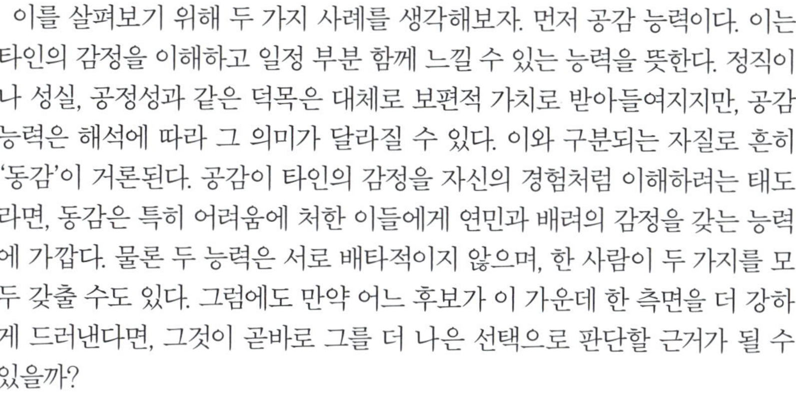

이를 살펴보기 위해 두 가지 사례를 생각해보자. 먼저 공감 능력이다. 이는 타인의 감정을 이해하고 일정 부분 함께 느낄 수 있는 능력을 뜻한다. 정직이나 성실, 공정성과 같은 덕목은 대체로 보편적 가치로 받아들여지지만, 공감 능력은 해석에 따라 그 의미가 달라질 수 있다. 이와 구분되는 자질로 흔히 '동감'이 거론된다. 공감이 타인의 감정을 자신의 경험처럼 이해하려는 태도라면, 동감은 특히 어려움에 처한 이들에게 연민과 배려의 감정을 갖는 능력에 가깝다. 물론 두 능력은 서로 배타적이지 않으며, 한 사람이 두 가지를 모두 갖출 수도 있다. 그럼에도 만약 어느 후보가 이 가운데 한 측면을 더 강하게 드러낸다면, 그것이 곧바로 그를 더 나은 선택으로 판단할 근거가 될 수 있을까?

짐작할 수 있듯, 공감 능력은 공동체적 연대를 강조하는 정치 전통에서 특히 중요하게 평가되어 왔다. 구성원들이 서로의 감정을 이해하고 나눌 수 있을 때 공동체의 유대가 강화된다고 보기 때문이다. 프랑스 혁명이 '박애'를 내세웠던 점이나, 바웬사가 폴란드 공산정권을 붕괴시키기 위해 벌인 노동운동을 솔리다리티(Solidarność)로 부른 것도 공감 능력이 지닌 정치적 파워를 방증한다. 이에 비해 동감 능력은 다소 소박하다. 고전적 자유주의자들이 "따뜻한 자본주의"의 토대로 여겼던 동감 능력은 다른 사람에게 해를 끼치지 않아야할 적극적 의무와 함께 비록 불평등할지 몰라도 공존공영할 수 있는 소극적 의무의 원천이다. 다시 선거로 돌아가보자. 만약 한 후보는 공감 능력이, 다른 한 후보는 동감 능력이 뛰어나다면 누가 더 좋은 후보인가? 그 판단은 우리가 공동체를 어떻게 이해하는지에 따라 달라질 가능성이 크다.

이제 후보의 능력에 대해 생각해보자. 정치인에게 바라는 대표적인 능력 중 하나는 리더십이다. 그러나 리더십도 종류가 다양하다. 그러나 리더십 또한 단일한 개념이 아니다. 카리스마와 통솔력을 통해 대중을 결집시키는 방식이 있는가 하면, 서로 다른 이해관계를 조정하고 합의를 도출하는 능력 역시 중요한 리더십으로 평가된다. 공동체의 결속과 방향 제시를 중시하는 관점에서는 강한 통합 능력이 매력적으로 보일 수 있다. 반면 다양한 가치와 이해가 공존하는 사회를 전제하는 관점에서는 타협과 조정의 능력이 더욱 중요하게 평가될 수 있다. 어느 유형이 더 바람직한지는, 궁극적으로 우리가 정치 공동체에 기대하는 모습에 달려 있다.

판단 뒤에 놓인 철학

물론 통솔력과 타협 능력이 서로 배타적인 것은 아니다. 한 사람이 두 가지를 모두 갖출 수도 있고, 현실 정치에서도 이러한 복합적 사례는 어렵지 않게 찾아볼 수 있다. 그럼에도 만약 한 후보는 강한 통솔력을, 다른 후보는 뛰어난 조정 능력을 더 분명히 보여주고 있고, 그 가운데 하나를 선택해야 하는 상황이라면 우리는 어느 역량을 더 중요하게 여기는지 스스로 묻게 된다. 그 판단은 단순히 개인적 취향의 문제가 아니라, 우리가 정치 공동체에 무엇을 기대하는 지와도 연결된다. 품성을 평가할 때와 마찬가지로, 능력에 대한 판단 역시 일정한 가치관과 정치적 전제를 완전히 벗어나기는 어렵다.

　형식적인 수사에 그치지 않는 한, 공동선에 대한 논의 또한 마찬가지다. 공동선을 어떻게 이해하고 평가할 것인가는 결국 우리가 암묵적으로 전제하는 정치적 관점과 긴밀히 연결되어 있다. 이는 특정 이념에 대한 찬반의 문제가 아니라, 공동체와 개인의 관계를 어떻게 그릴 것인가에 대한 기본적인 구상의 차이와 관련된다. 이들이 설득력을 가지려면, 그것이 어떤 사회상을 전제하고 있는지 함께 성찰해야 한다. 바로 이 지점에서 정치철학은 단순한 이론이 아니라, 우리의 판단을 성찰적으로 만들기 위한 도구가 된다.

최대 다수의 최대 행복은
공동선인가?

최훈

강원대학교에서 철학을 가르치고 있다.

논리학, 심리철학, 인지과학, 과학철학, 윤리학 등의 분야를 연구하고 있다.

알고리즘이 선택하는 '다수'

서울 지하철에서 한 장애인이 휠체어를 타고 엘리베이터를 기다린다. 앞서 도착한 유모차 두대와 큰 캐리어를 든 승객들이 먼저 탑승한다. 엘리베이터는 곧 가득 찬다. 그는 다음 엘리베이터를 기다려야 한다. 5분 후, 같은 상황이 반복된다. '더 많은 사람이 이동할 수 있도록' 설계된 시스템 속에서, 그의 이동권은 번번이 지연된다. 이것은 효율의 문제인가, 아니면 정의의 문제인가.

비슷한 논리는 우리 시대의 알고리즘 속에도 작동한다. 추천 시스템은 '대다수 사용자의 만족도'를 최적화하도록 설계된다. 음성 인식 기술은 '표준 발화'에 최적화되어, 언어 장애가 있는 이들의 음성을 제대로 인식하지 못한다. 자율 주행 자동차의 윤리 알고리즘은 '최소 피해' 원칙으로 프로그래밍되지만, 누구의 생명이 '최소'로 계산되는가? 공리주의의 가장 유명한 명제, '최대 다수의 최대 행복'이 기술적으로 구현되는 순간, 우리는 새로운 윤리적 딜레마와 마주한다.

제레미 벤담이 18세기 말 제시한 공리주의는 단순하고도 급진적인 제안이었다. 도덕적 행위의 기준은 신의 계명도, 왕의 권위도 아닌 '최대 다수의 최대 행복'이어야 한다는 것. 그는 쾌락과 고통을 계산 가능한 단위로 환원하고자 했다. 행복 계산법을 통해 각 행위가 생산하는 쾌락의 강도, 지속성, 확실성, 근접성 따위를 수치화할 수 있다면, 우리는 과학적으로 올바른 선택을 할 수 있다는 믿음이었다.

존 스튜어트 밀은 스승 벤담의 양적 공리주의를 질적으로 정교화했다. "만족한 돼지보다는 불만족한 소크라테스가 낫다"라는 그의 유명한 선언은 행복에도 위계가 있음을 주장한다. 지적·정신적 쾌락이 감각적 쾌락보다 본질적으로 우월하다는 것이다. 하지만 이 구분은 또 다른 질문을 낳는다. 누가 어떤 행복이 더 '고귀한지'를 판단하는가?

공리주의의 매력은 그 민주적 직관에 있다. 왕이든 거지든 각자의 행복은 동등한 하나의 단위로 계산된다. 그러나 문제는 그 집계 방식에 있다. 소수의 극심한 고통이 다수의 작은 행복으로 정당화될 수 있는가? 열 명의 만족을 위해 한 사람을 희생하는 선택은 과연 정당한가? 공리주의는 결과의 총합에 초점을 맞추는 만큼, 분배의 정의나 개인의 권리를 간과할 위험을 내포한다.

계산된 행복, 사라지는 권리

'최대 다수의 최대 행복'은 언뜻 공동선처럼 들린다. 하지만 둘은 미묘하게 다르다. 공리주의적 계산이 집합적 이익의 총합을 추구한다면, 공동선은 공동체 구성원 모두가 공유하는 정의, 평등, 인간 존엄과 같은 보편적 조건을 함축한다.

고대 그리스의 아리스토텔레스는 공동선을 폴리스 구성원들이 함께 추구하는 좋은 삶으로 이해했다. 이는 단순히 개인 행복들의 산술적 합이 아니라, 시민적 덕성과 공동체적 번영이 얽힌 복합적 개념이었다. 반면 공리주의는 계몽주의 시대의 산물로, 개인주의적 전제 위에서 작동한다. 각 개인의 선호를 주어진 것으로 받아들이고, 그것을 최대화하는 방향을 찾는다.

이 차이는 실천적 귀결을 낳는다. 공리주의는 "누구의 행복을 어떻게 측정할 것인가?"라는 기술적 문제에 집중하지만, 공동선 논의는 "우리는 어떤 사회를 지향해야 하는가?"라는 규범적 질문을 던진다. 예컨대 의료 자원 배분 문제를 생각해보자. 공리주의적 접근은 "가장 많은 생명을 구할 수 있는 방법"을 계산한다. 하지만 공동선의 관점은 "모든 시민이 건강권이라는 기본적 조건을 보장받는가?"를 묻는다. 전자가 효율성의 언어라면, 후자는 정의의 언어다.

오늘날 '최대 다수의 최대 행복' 논리는 플랫폼 자본주의의 알고리즘 속에서 가장 정교하게 구현된다. 예컨대 유튜브의 추천 알고리즘은 '시청 시간 최대화'를 목표로 설계된다. 표면적으로 이는 다수 사용자의 만족을 추구하는 것처럼 보인다. 하지만 실제로 우선 추천되는 것은 중독성이 강한 콘텐츠, 극단적 주장, 확증 편향을 강화하는 영상들이다. 개별 사용자의 '클릭'이라는 선호가 집계되지만, 그 총합이 낳는 결과는 공동체적 선이 아니라 사회적 양극화다.

배달 라이더의 노동 조건도 마찬가지다. 플랫폼은 '최단 시간 최다 배달'이라는 효율성을 추구한다. 배고픈 다수의 고객은 빠른 배달에 만족하지만, 그 이면에서 라이더들은 신호를 무시한 채 위험한 질주를 감행한다. 2025년 상반기에만 한국에서 배달 노동 중 사망한 이가 16명이었다. '다수의 편의'는 소수의 생명과 교환된 것이다. 여기서 토크빌이 경고한 '다수의 폭정'이 새로운 형태로 되살아난다. 민주주의 사회에서 다수의 의견이 항상 정당한 것은 아니다. 특히 그 다수가 구조적으로 특권을 가진 집단일 때, 그들의 선호 집계는 소수자의 권리를 짓밟을 수 있다. 장애인 편의 시설을 '비효율적'이라 여기는 다수의 시선, 이주 노동자의 처우 개선을 '비용 증가'로 계산하는 집단적 판단, 이것들은 수적 우위의 논리일 뿐, 공동선은 아니다.

공리주의의 가장 큰 맹점은 "측정 가능한 것만이 계산된다"라는 점이다. GDP는 늘었지만 시민들의 삶의 질은 나빠질 수 있다. 강의 평가 점수는 높지만 실질적인 학습은 일어나지 않을 수 있다. 병원 대기 시간은 줄어들지만 환자와 의사 간의 신뢰는 무너질 수 있다. 숫자로 환원되지 않는 돌봄, 연대, 공동체성, 존엄과 같은 가치들은 공리주의적 계산에서 늘 과소평가된다.

특히 누가 측정 도구를 설계하고 적용하는가는 권력의 문제이기도 하다. 알고리즘 시스템은 개발자의 가정과 편향을 내장한다. 음성 인식 기술이 비표준 발화를 '오류'로 처리할 때, 언어 장애인의 존재 자체가 데이터에서 지워진다. 자율 주행 자동차가 '보행자 안전'을 학습할 때, 학습 데이터에 휠체어 사용자가 충분히 포함되어 있는가? '다수의 행복'을 계산하는 시스템이 누군가를 애초에 다수에 포함하지 않는다면, 그것은 공동선이 아니라 배제의 메커니즘에 가깝다.

우리가 함께 지켜야 할 것

그렇다면 우리는 공리주의를 완전히 폐기해야 하는가? 그렇지 않다. 공리주의의 결과주의적 사고, 곧 우리의 행위가 실제로 어떤 영향을 미치는가를 따지는 것은 여전히 중요하다. 좋은 의도만으로는 충분하지 않다. 정책과 기술은 실제 삶을 개선해야 한다.

다만 우리는 공리주의를 단독 원리가 아니라, 정의, 권리, 돌봄과 같은 다른 윤리적 원칙들과 함께 사유해야 한다. 롤스의 정의론은 그런 점에서 한 가지 해답을 제시한다. '최대 다수의 최대 행복'이 아니라 '최소 수혜자에게 최대 이익이 되는' 방향으로 사회를 설계하는 것, 이는 공리주의의 집계 논리를 뒤집어, 가장 취약한 이들의 조건 개선을 우선시한다.

경제학자 아마르티아 센의 역량 접근도 유용하다. 행복의 총량이 아니라, 각 개인이 가치 있게 여기는 삶을 살 수 있는 실질적 자유와 역량을 보장하는 것. 휠체어 사용자에게 필요한 것은 '평균 이동 속도'에 포함되는 것이 아니라, 이동할 권리가 실질적으로 보장되는 것이다. 엘리베이터를 기다리던 그 장애인의 이야기로 돌아가자. 몇몇 역에서는 '교통약자 우선 엘리베이터' 표지판이 생겼다. 다수의 '효율'보다 소수의 '접근권'을 우선하는 선택이다. 이는 공리주의적 계산으로는 정당화되지 않는다. 오히려 이동권, 존엄, 평등과 같이 공동체가 공유해야할 기본 조건에 대한 규범적 선언이다. 오늘날 우리에게 필요한 것은 '최대 다수의 최대 행복'이라는 19세기적 공식의 반복이 아니라 그것의 21세기적 재해석이다. 알고리즘은 효율을 최적화하지만 정의를 설계할 수 있는가? 플랫폼은 선호를 집계하지만 연대를 생산할 수 있는가? 우리는 숫자로 환원되지 않는 가치들을 어떻게 지켜낼 것인가?

공동선은 주어진 것도, 계산 가능한 것도 아니다. 그것은 우리가 함께 구성해가는 정치적 기획이다. 누가 '우리'에 포함되는가, 무엇을 '함께의 조건'으로 삼을 것인가를 끊임없이 질문하고 재정의하는 과정이 필요하다. 공리주의는 그 과정의 한 도구일 수 있지만 전부가 될 수는 없다. 지금 우리에게 필요한 것은 더 정교한 계산법이 아니라, 서로의 삶에 대한 더 깊은 상상력이다.

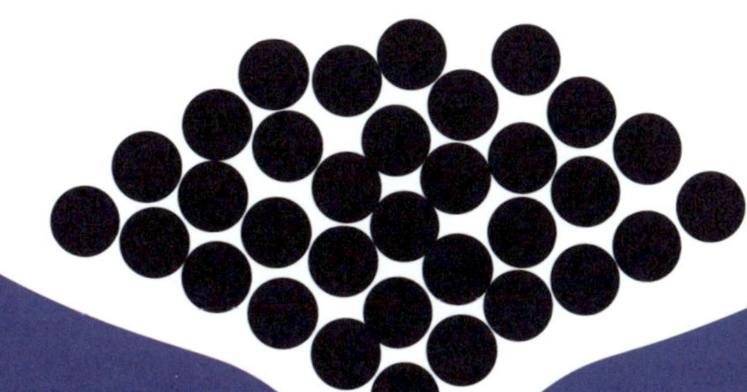

정치적 공동선의 조건들
: 시민의 덕, 제도, 그리고 열린 사회

신중섭
서양철학을 전공했으며 강원대학교 명예교수이다.
자유주의와 공화주의를 연구하며, '사실'의 역사에 관심을 두고 있다

이름은 있는데 내용은 없는

더불어민주당에는 '더불어'가 없고, 국민의힘에는 '국민'이 없다는 말이 나온다. 민주정치는 국민이 더불어 함께하는 정치여야 하지만, 지금의 정치에는 '더불어'도 '국민'도 보이지 않는다. 대신 당파의 이익과 사익만이 앞세워진다. 이것이 우리가 마주한 현실이다. 결국 문제는 정치, 그리고 정치인이다. 민주화 이후 우리의 정치는 방향을 잃은 듯하다. 산업화와 민주화를 동시에 이뤄냈다는 자부심도 어느 순간 무너졌다. 왜 이런 상황에 이르렀을까? 헌법이 선언한 "대한민국은 민주공화국이다"라는 문장에 걸맞은 정치는 과연 어떻게 가능할까?

정치는 본래 공익과 공동선을 실현하는 것을 목표로 해야 한다. 물론 '이익'과 '선'이 완전히 같은 개념은 아니기에 철학적으로는 구분의 여지가 있다. 그럼에도 일반적인 맥락에서 공익과 공동선은 크게 다르지 않은 의미로 사용된다.

오래된 질문, '공적인 것'이란 무엇인가

학계에서 공동선에 대한 관심은 자유주의와 공동체주의, 그리고 자유주의와 공화주의 사이의 논쟁에서 본격적으로 촉발되었다. 자유주의는 개인의 자유와 권리를 중시하고, 공동체주의와 공화주의는 공동체와 공동선을 강조한다. 그렇다고 자유주의가 공동선을 외면하는 것도 아니고, 공동체주의나 공화주의가 개인의 자유와 권리를 무시하는 것도 아니다. 차이는 자유·권리·공동선을 어떻게 이해하느냐, 그리고 어디에 더 무게를 두느냐에 있다.

자유주의 안에서도 생각은 꽤 다양하다. 특히 우리 사회에서는 권위주의 시절을 거치면서 '공동선'이라는 말이 권력을 정당화하는 구호로 쓰인 경험이 있다. 그래서일까. 공동선이라는 말에 선뜻 기대를 걸기 어려운 분위기도 있다. 그렇다고 국가가 공동선을 추구해야 한다는 원칙까지 부정할 수는 없다. 선출직 정치인과 공무원은 자신에게 맡겨진 권한으로 국방·치안·질서·평화·사유재산을 침해해서는 안 된다. 무엇보다 공적 권력을 사적인 이익을 위해 써서는 안된다. 공동선은 거창한 이상사회를 설계하는 데 있지 않다. 오히려 가난, 무지, 질병, 차별, 갑질 같은 구체적인 사회악을 줄여가는 데 있다.

플라톤은 정치에서 '사(私)'를 완전히 배제해야 한다고 보았다. 그래서 가정도, 사유재산도 갖지 않는 철학자가 통치해야 한다고 주장했다. 유교의 덕치 역시 '공(公)'을 앞세워 정치가와 제도가 공정해야 한다고 강조했다. 동서

양을 막론하고, 근대 이전에는 정치에서 '사'를 걷어내야 올바른 통치가 가능하다고 믿었다. 하지만 그 시대의 정치사상에도 한계는 있었다. 백성을 위한다는 말은 있었지만, 정치의 주체로서 국민은 등장하지 않았다. 좋은 정치는 결국 통치자의 시혜로 이해되었다. 그럼에도 통치자가 사익이 아니라 공동선을 지향해야 한다는 점은 여전히 중요하다. 달라진 것은 방식이지, 목표 자체는 아니다.

근대 공화국이 등장하면서 왕은 국가로 대체되었다. 국가의 기본 역할은 국민의 생명과 재산, 안전을 지키는 일이 되었다. 국가는 국민이 합의한 제도를 통해 운영되고, 그 운영자를 국민이 선택하는 체제로 바뀌었다. 우리는 이를 정치와 행정으로 나누고, 그 역할을 맡은 사람들을 공직자라고 부른다. 공직자는 기업과 달리 이윤이 아니라 공익을 목적으로 존재한다. 공익을 추구함으로써 국민의 '생명·자유·재산'을 지키는 것, 그것이 곧 공동선을 실천하는 일이다. 그런 의미에서 공동선은 무엇보다 공직자가 지향해야 할 덕목이자 규범이며, 우리가 계속 붙들어야 할 이상이다.

사익의 유혹과 무너진 신뢰

그렇다면 현실은 어떤가? 정치의 현장에서는 은밀한 '정치 도둑'들이 여전히 활개를 친다. 공천권은 거래의 대상이 되고, 공직 자리에는 각종 이권이 따라붙는다. 권력을 이용해 사익을 챙긴 정치인들은 청문회 때마다 어김없이 등장한다. 그리고 우리는 안다. 이것이 '빙산의 일각'에 불과하다는 사실을. 이런 장면을 뉴스와 일상 속에서 반복해서 마주한다. 그 순간 공동선이라는 말은 공직자들이 내세우는 명분, 혹은 가면처럼 보이기 쉽다.

가장 큰 문제는 공직자가 공직이라는 권한과 자리를 이용해 자신의 이익을 챙기는 일이다. 전통사회에서는 매관매직으로 사리를 추구했다면, 오늘날에는 선출직 공직자가 된 뒤 경제적 이익을 얻는 방식으로 나타난다. 시장에서는 개인의 이익 추구가 결과적으로 공동선에 기여할 수 있다. 그러나 세금으로 운영되는 국가에서 사익 추구는 단순한 이해관계가 아니라 부패다. 공직자의 사익 추구는 곧 공공의 적이 된다. 그렇다면 공직자가 공동선을 외면하고 사익을 쫓을 때 우리는 무엇을 할 수 있을까? 가장 먼저 떠올릴 수 있는 방법은 공동선에 대한 감각이 분명한 사람이 공직자가 되도록 하는 일이다.

제도와 시민, 다시 시작하는 정치

플라톤의 철인정치에서 눈여겨볼 대목은 바로 '교육'이다. 철인정치인은 어느날 갑자기 등장하지 않는다. 국가는 태어날 때부터 약 50년에 걸쳐 그를 체계적으로 길러낸다. 이 교육은 단순히 지식을 쌓는 과정이 아니라, 영혼을 형성하고 '선'을 인식하도록 만드는 과정이다. 이성이 강하고, 진리를 사랑하며, 절제와 용기를 갖추고, 사욕에 흔들리지 않는 인간을 기르는 것이 목표였다. 그래서 아예 가정과 사유재산도 허용하지 않았다.

물론 이런 생각이 플라톤만의 것은 아니다. 조선 시대에도 군주의 독단을 견제하기 위해 경연 제도를 운영했다. 왕과 신하가 함께 경전을 토론하며 정책이 도덕과 공동선에 어떤 영향을 미치는지 논의했다. 왕도정치를 위한 교육은 끊임없이 이어졌다. 더 나아가 군주의 도덕적 일탈을 공개적으로 비판할 수 있는 장치도 마련되어 있었다.

만인 평등을 전제로 하는 현대사회에서, 국가가 어릴 때부터 '정치인 후보'를 선발해 체계적으로 길러낸다는 발상은 현실적으로 상상하기 어렵다. 어떤 교육을 받았는지와 상관없이, 표를 많이 얻으면 권력을 쥘 수 있는 것이 민주주의다. 이런 구조에서 정치인 교육은 좀처럼 관심의 대상이 되지 않는다. 대통령의 도덕적 일탈이나 정책의 정당성과 타당성을 점검해야 할 국무회의조차, 때로는 국정 홍보의 장으로 보일 때가 있다. 이런 상황에서 공동선을 저버리는 정치를 제어할 뚜렷한 방법이 없어 보이기도 한다. 책임 있는 제도언론의 비판은 자극적인 1인 미디어에 밀려 힘을 잃고 있다. 그렇다고 해서 공동선을 지향하는 정치를 포기할 수는 없다. 다른 선진국의 사례를 찾아보고 연구해볼 필요는 충분히 있다.

현실적으로 우리가 할 수 있는 또 하나의 일은, 공직자의 사익 추구를 최대한 억제할 수 있는 제도를 정비하는 것이다. 정부의 권한을 필요한 만큼으로 제한하고, 공직자의 행위를 투명하게 공개하며, 법을 어긴 경우에는 엄정하게 책임을 묻는 장치를 마련해야 한다. 무엇보다 중요한 것은 비판과 토론의 자유를 보장하는 제도다. 제도는 최선의 정치를 보장하기보다는, 최악을 막기 위해 존재한다.

그러나 제도만으로는 충분하지 않다. 제도를 움직이는 것은 결국 사람이기 때문이다. 그래서 필요한 것이 시민교육이다. 아무리 잘 만든 제도라도 그것을 지키려는 정치인과 시민의 의지, 덕성이 약하면 제대로 작동하지 않는다. 제도는 언제든 운용하는 사람에 따라 왜곡되거나 악용될 수 있다. 권력자가 제도가 허용한 힘을 전부 행사하지 않는 절제의 미덕을 보일 때, 비로소 제도는 본래의 취지에 맞게 작동한다. 제도가 제대로 서기 위해서는 공동선을 내면화한 사람이 필요하다. 그런 사람을 길러내는 과정이 곧 교육이다. 가정교육, 학교교육, 사회교육은 물론이고 정치에 대한 교육과 스스로를 돌아보는 자기교육까지 모두 중요하다. 민주공화국이 건강하게 운영되려면 시민의 덕성을 갖춘 사람이 많아야 하고, 이를 위해 시민교육은 필수적이다.

역사를 돌아보면, 우리는 여전히 희망을 말할 수 있다. 지금의 정치가 마음에 들지 않을 수는 있어도, 우리는 선조들이 피와 땀으로 어둠을 걷어낸 시대에 살고 있다. 한반도 역사에서 지금은 가장 인간적이고, 가장 풍요로운 시기라 해도 과장이 아니다. 경제적으로도, 제도적으로도 이전보다 진전된 사회에 와 있다.

물론 여전히 문제는 많다. 그러나 과거의 어느 시기와 비교해도 지금이 더 나은 조건 위에서 있다는 점은 분명하다. 우리가 실패에서 배우려는 태도를 잃지 않는 한, 사회는 더 나아질 수 있다. 미래는 과거와 현재의 연장선 위에 있지만, 동시에 우리의 선택과 노력에 따라 달라질 수 있다. 중요한 것은 미래를 정확히 예측하는 일이 아니다. "이 세계를 조금이라도 더 나은 곳으로 만들기 위해 우리는 무엇을 해야 하는가?"라는 질문을 붙드는 일이다. 지금 우리가 사는 사회는 그 어느 때보다 개혁의 가능성을 품고 있다. 우리는 미래를 점치기보다, 도덕적으로 옳다고 믿는 방향으로 행동해야 한다. 미래는 열려 있다. 더 나은 내일을 만들 책임이 우리에게 있다. 공동선의 정치는 결국 우리의 손에 달려 있다.

작은 알키비아데스들의 시대

윤평중

한신대학교 철학과 명예교수이며, 한신대 대학원장과 학술원장 역임했다.
정치철학과 사회철학을 연구하고 있다.

알키비아데스라는 반면교사

'공동선의 정치'를 이해하려면 그 정반대편에 서 있던 극적인 인물을 떠올리면 된다. 바로 고대 아테네 정치가였던 알키비아데스(BC 450~404)가 그 사람이다. 아테네의 영광을 가져온 장군 페리클레스의 조카이자 소크라테스의 제자였던 인물이다. 명문가 출신이자 부호였던 알키비아데스는 미모와 담력이 눈부셨고 재기발랄했으며 웅변에서도 출중한 능력을 보였다. 아테네 시민들의 부러움을 독차지할 정도였다.

오늘날 남아있는 그의 조각상은 '세기의 미남'이라 할 만 하다. 이를 증언하고 찬탄하는 동시대인들의 기록이 여럿 남아있다. 게다가 알키비아데스는 전쟁에서 위험에 처한 소크라테스의 생명을 구하는 등 여러 번 승리를 거두어 용기와 리더십을 증명했다. 이런 그가 아테네 장군이 된 것은 자연스러운 수순이었다. 장차 삼촌 페리클레스처럼 위대한 지도자가 될 것처럼 보였다.

하지만 알키비아데스의 몰락은 순식간에 왔다. 30대 중반의 나이에 5만 아테네 대군을 이끄는 시라쿠사 원정군 사령관이 됐으나 정치적 위기를 맞자 일거에 표변해 적국 스파르타로 망명한다. 그 결과 아테네 원정군은 참패하게 된다. 그의 배신은 여기서 그치지 않는다. 스파르타에서도 왕비와의 추문으로 궁지에 처하게 되면서 그리스의 적 페르시아로 망명한다. 나중에 아테네로 돌아와 재기를 노리던 알키비아데스는 결국 동료 시민들에게 비참하게 살해되고 만다.

사람들이 부러워하는 자질 거의 모두를 가졌던 알키비아데스에겐 단 한 가지 결정적인 결함이 있었다. 아테네가 낳은 엘리트 정치인임에도 공동선의 정치를 전면적으로 거역했다는 점이다. 시라쿠사 출정 직전 아테네가 그를 재판에 소환했을 때 알키비아데스는 살아남기 위해 아테네 최대의 적인 스파르타로 도주했다. 그뿐만이 아니다. 알키비아데스는 조국 아테네의 치명적 약점을 다 털어놓아 동료 아테네 군인 5만 명을 몰살시키는 데 혁혁한 공을 세웠다. 펠로폰네소스 전쟁에서 아테네는 이 손실을 결코 회복할 수 없었다. 알키비아데스가 앞당긴 아테네의 패전, 그것은 고대 그리스 문명의 종언을 예고한 참사였다.

알키비아데스는 정치인의 근본 덕목인 공선사후(公先私後)는커녕 모든 국가 대사를 오로지 자신의 개인적 이해관계에 종속시킨 대표적인 인물이었다. 불타는 그의 권력욕과 야심, 하늘을 찌르는 오만 앞에서 조국 아테네와 동료 시민들의 운명은 물론이거니와 전체 그리스 세계의 미래조차 사소한 걸림돌에 불과했다. 공동체를 위하는 마음을 전면적으로 결여한 알키비아데스의 재주와 책략, 담대함은 오히려 자신과 아테네를 찌르는 치명적 흉기로 작동했을 뿐이다.

한 정치인의 몰락이 남긴 질문

알키비아데스의 행로가 공동선의 정치에 대해 주는 쓰디쓴 교훈은 무엇인가? 그의 재능을 아끼던 스승 소크라테스는 제자를 바른 정치의 길로 인도하기 위해 애를 썼지만 결국 실패하고 말았다. 공동체를 향한 책임은 없고, 현란한 웅변과 책략, 그리고 욕망만 넘치는 정치인이 얼마나 위험한 존재인지 우리는 오늘의 현실 정치에서도 어렵지 않게 목격한다. 아이러니하게도 소크라테스가 사형을 선고받은 이유 가운데 하나는 '청년들을 타락시켰다'는 혐의였다. 그러나 아테네를 배신하고 도시국가의 질서를 뒤흔든 인물은 다름 아닌 알키비아데스였다. 그는 공동체적 책임을 저버린 '타락한 청년'의 전형이라 할 만하다.

오늘날 정치에도 '작은 알키비아데스들'은 적지 않다. 이 사례가 남기는 가장 중요한 교훈은 정치의 중심에 공동선이 놓여야 한다는 사실이다. 공동선이란 특정 개인이나 집단의 이익으로 환원되지 않는, 모두의 삶을 지탱하는 '공동의 좋음'에 대한 헌신을 의미한다. 사사로운 이해 관계를 넘어 공공의 기준을 세우려는 노력, 그것이 공동선의 출발점이다. 공동선은 그런 의미에서 단기적 이해를 넘어서는 보편적이고 정당하며 지속 가능한 가치의 총체다. 공정함, 자율성, 연대, 인격 존중, 사려 깊음, 책임, 행복과 같은 요소들은 그 구체적 예라 할 수 있다. 그리고 이러한 헌신은 개인의 자율성과 충돌하지 않는다. 오히려 서로의 자율성을 존중할 때 비로소 공동선은 실현될 수 있다.

공동선은 이 지점에서 정치의 목표인 천하위공(天下爲公·세상은 우리 모두의 공동선을 위해 운영해야 한다)과 직결된다. 바꿔 말하면 정치는 곧 공동선을 구현하는 최대 통로인 것이다. 세상이 어지럽고 분열과 갈등이 극심하며 정치가 곧 전쟁으로 타락해 버린 시대일수록 공동선 정치의 부활을 절박하게 꿈꾸게 되는 이유다.

불행히도 우리네 현실은 정 반대에 가깝다. 우리는 친구나 가족 모임에서는 정치 얘기를 삼가곤 한다. 가까운 사람들과의 우정을 희생하고 싶지 않기 때문이다. 진영 대립이 심리적 내전으로 비화한 적대 사회의 쓸쓸한 단면이다.

동료 시민들 사이에서도 이념과 세대, 지지 정당, 성별과 지역에 따라 의견은 다를 수 있다. 그러나 생각이 다르다는 이유만으로 상대를 적대시하고 나아가 악마화하는 풍조는 민주주의를 잠식하는 위험한 신호다. '두 국민'으로

갈라진 사회가 건강하게 설 수는 없다. 현실 정치가 추하고 혼란스럽다고 해서 등을 돌린다면, 결국 국가의 방향은 '작은 알키비아데스들'에게 맡겨지고 만다. 우리는 이미 세계 여러 나라에서 그런 장면을 목격하고 있다.

정치는 흔히 '사회적 가치를 권위적으로 배분하는 과정'으로 정의된다. 돈, 권력, 기회, 명예처럼 사람들이 원하는 자원은 언제나 한정되어 있다. 따라서 누가 무엇을 얼마나 갖게 될지를 결정하고, 그 결과에 대해 구성원들이 일정 부분 수용하도록 만드는 정당성과 강제력을 지닌 결정 과정이 곧 정치의 핵심이다.

이처럼 정치를 넓게 이해하면, 정치는 특정 정치인의 전유물이 아니다. 여의도나 워싱턴 D.C.에서만 벌어지는 일도 아니다. 가정과 학교, 회사와 공장, 우리가 토론하고 갈등을 조정하며 합의를 만들어가는 모든 일상적 과정이 바로 살아 있는 정치다. 제도 정치와 정치적 야심가들이 시민들 사이의 적대감을 부추겨 사회를 전쟁의 언어로 몰아갈 때, 이를 바로잡을 수 있는 힘은 결국 깨어 있는 시민들의 집합적 성찰과 실천에서 나온다.

힘없는 사람들의 힘

대중사회에서 원자화된 개인은 무력해 보인다. 그러나 권력 정치와 소셜미디어의 압도적 포섭력 앞에서 순응을 거부하는 순간, 공동선의 정치는 비로소 첫걸음을 내딛는다. 그 거부는 거창할 필요가 없다. 잘못된 현실에 안주하지 않는 작은 결단이 모일 때, '진리 안에서의 삶'으로 향하는 길은 서서히 넓어진다.

포퓰리즘 정치의 퍼주기 공세에 의문을 제기하는 한 사람의 질문, 그것만으로도 권력의 위세는 조금씩 균열을 일으킨다. 공권력이 폭주할 때 시민들의 양심이 호루라기처럼 울려 퍼진다면, 독재적 충동은 제동이 걸리고 법치의 회복력은 살아난다.

벌거벗은 힘의 논리가 지배하는 세상에서 공동선의 정치는 하나의 이상처럼 보일 수 있다. 그러나 자율적 인격체로서 시민들이 함께 내는 목소리는 결코 무력하지 않다. 사회적 가치의 배분은 공정해야 한다는 요구는 시대와 이념을 넘어선 보편적 호소력을 지닌다. 독재자들조차 이 요구를 완전히 무시할 수 없다.

천하위공을 지향하는 집합적 직관이 여전히 살아 있는 한국 사회에서는, 보통 사람들의 연대 속에서 시민적 책임이 자연스럽게 싹튼다. 우리가 역사의 주체라는 자각은 공적 행복감을 일깨운다. 무도한 권력이 민주공화정을 거꾸로 돌리려 할 때 이를 막아낸 힘도, 결국은 '힘없는 사람들의 힘'이었다. 앞으로도 마찬가지일 것이다.

정치는 우리 자신을 깨어 있는 존재로 빚어 가는 집합적 실천의 과정이다. 인간은 정치라는 공기를 호흡하며 자신의 삶과 공동체의 형상을 만들어가는 '정치적 동물'이다. 살아 있는 공동선의 정치 없이는 인간다운 삶 또한 성립할 수 없다.

함께 살아간다는 말

공동선(common good)은 특정 정책이나 이익의 총합을 가리키는 말이 아니라, 사회적 판단을 가능하게 하는 규범적 기준에 가깝다. 그것은 무엇이 효율적인가보다 무엇이 정당한가를 묻게 하는 개념이며, 개인의 선택과 사회적 제도가 어떤 가치 위에서 정당화될 수 있는지를 묻는 철학적 언어다. 이 점에서 공동선은 종종 경제학에서 말하는 공공재(public good)와 구별된다. 공공재가 비배제성과 비경합성을 특징으로 하는 재화의 성격을 설명하는 개념이라면, 공동선은 그러한 재화를 포함하되 사회가 어떤 방향을 지향해야 하는지를 묻는 규범적 기준을 가리킨다. 여기서 중요한 것은 '공공성'이다. 공공성은 사적 이해관계를 넘어 누구에게나 정당화될 수 있는 판단의 공간을 의미하며, 공동선은 바로 이 공공성이 유지될 수 있는 조건을 묻는 개념이다.

공동선을 처음 말한 사람들

공동선의 철학적 전통은 고대 정치철학에서 시작된다. 아리스토텔레스에게 정치 공동체는 단순히 생존을 유지하는 장치가 아니라 시민들이 '잘 사는 삶'을 실현할 수 있도록 하는 질서였다. 공동선은 개인의 욕망을 단순히 합산한 결과가 아니라 공동체가 지향해야 할 목적(telos)이었다. 이러한 관점은 정치가 단순한 권력의 기술이 아니라 공동의 삶을 조직하는 윤리적 활동이라는 생각을 낳았고, 공동선은 정치 공동체가 존재하는 이유를 설명하는 핵심 개념으로 자리 잡게 된다.

법과 질서 속의 공동선

이러한 전통은 중세 사상에서도 이어진다. 토마스 아퀴나스는 공동선을 자연법과 연결시키며 정의로운 법은 공동선을 지향할 때 정당성을 얻는다고 보았다. 여기서 중요한 개념은 '정당성'이다. 법과 제도는 단순히 권력의 명령이 아니라 공동체 전체의 삶을 유지하는 기준에 의해 평가되어야 한다는 것이다. 공동선은 개인을 억압하는 전체의 논리가 아니라, 개인의 자유와 사회적 질서가 함께 유지되기 위한 규범적 토대였다.

행복을 계산할 수 있을까

근대 이후 정치철학의 중심은 점차 공동선에서 개인의 권리로 이동한다. 사회는 특정한 '좋은 삶'을 공유하는 공동체라기보다 서로 다른 가치관을 가진 개인들이 공존하는 질서로 이해되기 시작한다. 이 과정에서 '권리', '절차', '공적 이성'과 같은 개념들이 중요한 의미를 갖게 된다. 한편 공리주의는 효용(utility)의 총합을 사회적 판단의 기준으로 제시하며 '최대 다수의 최대 행복'이라는 원리를 통해 정책과 제도를 평가하려 했다. 그러나 이러한 접근은 곧 비판에 직면한다. 다수의 행복을 극대화하는 선택이 항상 정당한가, 그리고 그 과정에서 소수의 권리는 어떻게 보호될 수 있는가라는 질문 때문이다.

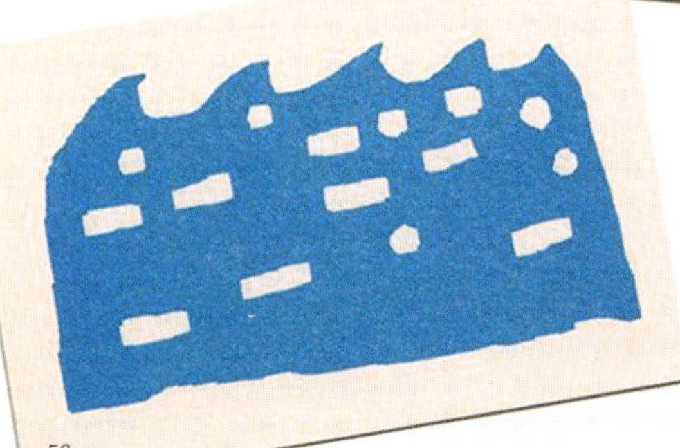

정의와 자유 사이에서

이러한 문제의식 속에서 현대 자유주의 정치철학이 등장한다. 존 롤스는 공리주의가 개인의 권리를 집합적 효용에 종속시킬 수 있다는 점을 비판하며, 사회 제도의 정당성을 '공정성으로서의 정의'라는 원리로 설명하고자 했다. 정의란 특정한 공동의 목적을 강제하는 것이 아니라, 서로 다른 삶의 방식을 가진 개인들이 공정하게 공존할 수 있는 제도적 틀을 마련하는 원칙이라는 것이다. 그러나 이러한 자유주의적 접근 역시 또 다른 질문을 남긴다. 정의가 절차와 권리의 문제로 이해될 때, 사회가 공유해야할 가치와 공통의 목적은 어떻게 사유될 수 있는가라는 물음이다.

왜 지금 다시 공동선인가

이 지점에서 공동선의 개념은 다시 중요해진다. 공동선은 개인의 자유와 대립하는 집단주의적 이상이 아니라, 자유로운 개인들이 함께 살아가기 위해 어떤 사회적 조건을 필요로 하는지를 묻게 하는 개념이기 때문이다. 오늘날 공동선은 연대, 돌봄, 공공성, 취약성과 같은 개념들과 함께 다시 논의되고 있다. 팬데믹, 기후위기, 돌봄의 공백과 같은 현실은 개인의 삶이 언제나 타인과의 관계 속에서 유지된다는 사실을 드러낸다. 공동선은 바로 이러한 상호의존의 조건을 사회적으로 어떻게 조직할 것인가를 묻는 질문이며, 사회가 스스로를 정당화하기 위해 끊임없이 다시 호출하는 규범적 언어라고 할 수 있다.

송민석 (타우마제인 연구원)

포퓰리즘, 단순함의 유혹

서병훈

숭실대 명예교수이다.

『민주주의』, 『위대한 정치』, 『포퓰리즘』 등을 출판했고 『진영논리』를 출판 예정이다.

포퓰리즘이 번지고 있다

세계 곳곳에서 포퓰리즘의 기세가 무섭다. 스웨덴과 독일을 비롯한 유럽 여러 나라에서 이러한 흐름이 두드러지고 있으며, 특히 우파.포퓰리스트 정당들의 약진이 눈에 띈다. 프랑스의 국민연합(RN)이 머지않아 대통령을 배출할지도 모른다는 전망까지 나온다. 한국 역시 예외는 아니다. '내전 상태'라는 표현이 등장할 만큼 진영 간 갈등이 격화된 상황에서, 포퓰리즘이 확산하기에 유리한 토양이 마련되고 있다. 감정적 동원과 적대의 언어가 정치의 중심에 설 때, 민주주의는 제대로 숨 쉬기 어렵다.

이분법의 유혹

포퓰리즘의 기원을 1870년대 러시아의 '인민 속으로'(narodniki) 운동이나 1890년대 미국의 인민당(People's Party)에서 찾는 이들이 많다. 이후 포퓰리즘은 라틴 아메리카의 대중영합적 정치, 좌파 포퓰리즘, 우파 포퓰리즘 등 다양한 형태로 변주되며 오늘에 이르렀다.

말도 많고 탈도 많은 개념이지만, 막상 "포퓰리즘이 무엇인가"라고 물으면 선뜻 답하기 어렵다. 서로 성격이 다른 정치 현상들에까지 포괄적으로 이 이름이 붙기 때문이다. 그럼에도 불구하고 대체로 합의되는 핵심 요소는 있다. 바로 '국민에 대한 호소'와 '기존 지배 세력에 대한 반대'다. 포퓰리즘은 국민이라는 이름을 내세워 기존 권력층을 공격하고, 그 사이에 선명한 경계선을 긋는다. '순수한 국민' 대 '타락한 엘리트'라는 적대적 구도는 거의 모든 포퓰리즘 운동에서 반복되는 기본 전략이다. 결국 포퓰리즘은 이러한 이분법적 대립 구도를 통해 힘을 얻고, 그 긴장을 정치적 자원으로 삼는다.

민주주의 사회에서 국민은 '주인'이라고 말해진다. 그러나 현실은 그렇지 않다. 대다수 시민들은 정치의 주체라기보다 정책의 결과를 떠안는 객체로 남아 있고, 생활의 어려움은 좀처럼 가벼워지지 않는다. 포퓰리스트들은 바로 이 지점을 파고든다. 무너진 질서를 바로잡고 '국민주권을 회복하겠다'고 외치며, 자신들이야말로 '진짜 민주주의자'라고 주장한다. 대중의 귀가 솔깃해지는 것은 자연스러운 일이다. 그렇다면 왜 이런 포퓰리즘을 두고 '나쁜 민주주의', 혹은 '타락한 민주주의'라고 부르는 것일까.

포퓰리스트의 정치 문법은 단순하다. 사회를 '순수한 국민'과 '사악한 지배 엘리트'로 가르고, 모든 문제의 원인을 엘리트 집단의 부패와 배신에서 찾는다. 이들은 국민을 등쳐 온 엘리트가 만악의 근원이라고 비난하며, 체제를 통째로 뒤엎겠다고 약속한다. "국민이 진짜 주인이 되는 나라"를 만들겠다며 강한 언어로 지지를 결집한다.

그러나 권력을 장악한 이후의 모습은 종종 기대와 다르다. 기성 정치판을 무너뜨리겠다던 이들 역시 곧 기존 정치의 한 축으로 편입되고, 구조는 크게 바뀌지 않는다. 시민들의 삶이 획기적으로 나아지는 일도 드물다. 『경제학 원론』이 증언하듯이, 포퓰리스트의 폐쇄적, 배타적 정책으로 경제가 발전할 수 있다면 그것이야말로 기적일 것이다.

포퓰리스트들의 가장 큰 문제는 '적과 동지'라는 적대적 이분법을 아무 곳에나 써먹는다는 점이다. 그들은 '우리'와 같지 않은 사람을 '우리의 적'으로 규정해 복잡한 사회 문제의 책임을 특정 집단에 떠넘긴다. 특히 외국인을 희생양으로 삼아 대중의 분노를 부채질한다. 프랑스의 RN은 "백만 명의 실업자는 백만 명의 과도한 이민 때문"이라는 식의 단순한 구호를 내세우며 지지세를 넓혀 온 사례는 이를 잘 보여준다.

문제는 이런 배제가 외국인에게만 향하지 않는다는 점이다. 국내의 정치적 반대자들 역시 '비국민'이라는 낙인을 뒤집어쓴 채 공격의 대상이 된다. 국민이라는 이름을 앞세워 도덕적 정당성을 독점하려는 시도다. 그 결과 정치적 갈등은 정책과 해법을 둘러싼 경쟁이 아니라, 존재를 부정하는 '죽고 사는' 싸움으로 변질된다. '배타적 이분화'가 일상화되면 대화와 타협은 설자리를 잃는다. 서로를 설득해야 할 시민이 아니라 제거해야 할 적으로 바라보게 되기 때문이다. 이렇게 적대적 갈라치기가 정치의 기본 문법이 될 때, 상처 입는 것은 특정 집단만이 아니다. 사회 공동체 전체가 균열을 겪는다. 과연 그런 토양 위에서 민주주의가 제대로 숨 쉴 수 있을까.

남을 배제하면 나도 무너진다

민주주의는 성찰하는 시민을 전제한다. 어떤 삶이 좋은지 그 의미를 숙고하는 사람이 성찰하는 시민이다. 이런 사람은 자기가 소중한 만큼 다른 사람의 존재도 고맙게 여긴다. 아리스토텔레스는 공동체 안에서 다른 사람의 행복을 위해 노력하는 것을 '정치적 동물'의 특성으로 보았다. 존 스튜어트 밀은 "다른 사람에 대한 사심 없는 배려가 행복한 삶"의 비결이라고 강조했다. 이웃의 이익에 아무런 관심이 없는 사람은 "영혼이 결핍"된 존재라고 비판했다.

그렇다. 민주주의는 '내가 원하면 무엇이든 할 수 있는 체제'가 아니다. 이기주의와 개인주의는 전혀 다른 차원의 태도다. 개인의 자유를 존중하되, 공동체의 지속과 발전을 위해 필요하다면 때로는 양보와 절제가 요구된다. 그런 의미에서 공화주의와 민주주의는 서로 다른 이름을 가졌지만, 같은 방향을 바라보는 일란성 쌍둥이에 가깝다.

이런 관점에서 영국의 사상가 토마스 힐 그린을 주목할 필요가 있다. 그린은 사람이 각자 타고난 능력을 최대한 실현하기 위해 노력하는 것이 참된 좋음(true good)이 된다고 보았다. 중요한 것은 개인에게 참된 좋음이 구성원 모두에게 좋은 공동선(common good)과 일치한다는 사실이다.

왜 그럴까? 인간은 물리적으로나 정신적으로 다른 사람을 돕고 또 그들로부터 도움을 받지 않고서는 살아갈 수가 없다. 사회 속에 사는 인간의 자아는 타인과의 관계를 통해 구성된다. 따라서 타인을 자신처럼 배려하지 않고서는 온전한 자기실현에 이를 수 없다는 결론에 이른다. 그린은 "이러한 의미의 선은 어떤 한 개인이나 집단도 배제하지 않아야 달성된다"고 말한다. 자기중심성을 넘어서는 태도와 타인을 이용하지 않으려는 원칙이 공동선의 필수 조건이라는 것이다. 그는 인간이라면 이러한 당위를 어느 정도 본능적으로 인식할 수 있다고 보았다. 만약 그 감각을 상실한다면, 그는 타인에게만이 아니라 자기 자신에게도 위협이 되는 '위험한 존재'가 되고 만다고 경고한다. 적대적 이분법을 먹고 사는 포퓰리스트는 글자 그대로 '위험한 존재'다.

다시, 시민의 책임

한국에 뚜렷하게 포퓰리스트 정당이 있는 것은 아니다. 그러나 그러나 그렇다고 안심할 수 있는 상황도 아니다. 프랑스와 마찬가지로 한국에서도 포퓰리즘이 뿌리내릴 수 있는 토양이 조금씩 쌓이고 있다. 경제적 양극화로 고통받는 시민은 늘어나고, 기성 정치에 대한 불신과 혐오는 임계점을 향해 치닫고 있다. 여기에 진영 논리까지 겹치면서 사회적 균열은 더욱 깊어지고 있다. 이러한 징후들이 중첩될 경우, 포퓰리즘이 급속히 확산할 가능성을 배제할 수 없다.

헌법재판소는 2025년 4월 윤석열 파면 결정문에서 "민주주의는 개인의 자율적 이성을 신뢰하고 모든 정치적 견해들이 각각 상대적 진리성과 합리성을 지닌다고 전제하는 다원적 세계관에 입각"한다고 천명했다. 이런 성격의 다원주의는 한국 민주주의의 생명줄이다. 상대방의 존재를 인정하고 존중하는 것이 다원주의의 기본이다. 그러나 포퓰리즘은 지배자와 피지배자, 국민과 비국민이라는 거친 이분법으로 대중을 현혹한다. 국민이라는 이름 아래 '배제'의 논리가 폭력으로 전환될 때, 민주주의는 서서히 무너진다.

그런데, 다른 곳도 아니고 '서구 선진국'의 시민들이 어떻게 포퓰리스트들의 공략대상이 될 수 있을까? 왜 고등교육을 받고 전문직에 종사하는 젊은 세대마저 포퓰리스트들에게 표를 던지는가? 그들은 포퓰리즘 정당이 정말 세상을 구원할 수 있다고 믿는 것일까? 문제는 다시 국민이다. 우리는 정치인들을 비판하며 일종의 통쾌함을 느끼지만, 정작 사회를 함께 이끌어갈 책임과 부담에는 얼마나 기꺼이 참여하고 있는가. 권리에 대한 감각은 예민해졌지만, 민주시민으로서 필요한 덕성과 역량은 오히려 뒷걸음질 치고 있는 것은 아닐까? 개인의 포부와 공동체의 발전은 같이 간다. 이것은 우리 내면 깊숙이 울려오는 '양심의 소리'라고 할 수 있다. 우리는 도덕적 직관과 비판적 사고를 함께 작동시킬 때, 우리는 비로소 그 균형 위에 설 수 있다.

존 스튜어트 밀은 19세기 영국 진보주의를 개척한 사람이다. 당시 보수주의자들을 아주 싫어했다. 그런 그가 《자유론》에서 진보와 보수의 공존을 강조했다. '너와 내'가 함께 가는 공동선을 역설했다. 한국의 진영논리 선동꾼들은 속이 뜨끔할 할 것이다.

"질서 또는 안정을 추구하는 정당과 진보 또는 개혁을 주장하는 정당 둘 다 있는 것이 건전한 정치적 삶을 위해 중요하다는 생각이 이제 거의 상식이 되었다. 이 두 상반된 인식 틀은 각기 상대방이 지닌 한계 때문에 존재 이유가 있다. 그러나 분명한 것은 바로 상대가 존재하기 때문에 양쪽 모두 이성과 건강한 정신을 유지할 수 있다는 점이다."

공론장의 플랫폼화와
민주주의에 대한 도전

레나타 피셔 Renate Fischer & 오트프리트 야렌 Otfried Jarren
취리히대학교에서 커뮤니케이션·미디어연구소 연구원,
커뮤니케이션학 명예 교수로 재직 중이다.

우리가 토론하는 공간

사회가 점점 더 복잡해지고, 디지털 기술이 빠르게 확산되면서, 플랫폼은 우리 일상의 제도가 되었다. 그 변화는 공론장의 모습도 바꾸어 놓았다. 이제 우리가 접하는 정보는 대부분 글로벌 기업이 만든 규칙과 알고리즘을 거쳐 우리에게 도달한다. 그 과정에서 공론장의 성격 역시 달라지고 있다.

처음에는 플랫폼이 누구에게나 발언의 기회를 열어 줄 것이라는 기대가 컸다. 하지만 현실은 그리 단순하지 않다. 플랫폼은 사람들의 관심을 오래 붙잡아야 수익을 낼 수 있다. 이런 구조는 자극적인 콘텐츠를 앞세우게 만들고, 모든 사람이 동등하게 참여하는 환경을 만드는 데에는 한계를 드러낸다.

'공론장'이라는 말은 크게 두 가지 뜻을 담고 있다. 하나는 사람들이 공적인 문제를 두고 의견을 나누고 토론하는 사회적 공간이다. 다른 하나는 그런 토론을 거쳐 여론이 만들어지는 과정이다. 이 두 가지는 민주주의가 제대로 작동하기 위해 꼭 필요한 조건이다. 시민이 정치적·사회적 문제에 대해 의견이 형성되는 과정을 보고, 직접 참여할 수 있을 때, 우리는 사회를 비판적으로 바라보고 스스로를 돌아볼 수 있기 때문이다.

민주주의 사회에서 공론장은 시민들이 사회 문제를 함께 논의하고, 사회의 방향을 만들어 가는 데 참여하도록 돕는 공간이어야 한다. 시민은 정치적 결정이 어떻게 내려지는지, 그 결정이 어떤 결과를 낳을 수 있는지를 토론을 통해 이해할 수 있어야 한다. 그런 점에서 공론장은 서로 다른 이해관계와 갈등을 조정하는 장치라고 할 수 있다. 이것은 현대 민주주의에서 매우 중요한 기능이다.

민주주의는 여러 제도가 맞물려 돌아가는 체제라고 볼 수 있다. 이 제도들은 폭력이 아니라 합법적인 절차를 통해 사회를 바꾸는 것을 목표로 한다. 오늘날처럼 사회가 복잡하게 나뉘어 있는 상황에서 공론장은 주로 미디어를 통해 형성된다. 새로운 미디어가 등장할 때마다 여론이 만들어지는 방식도 함께 달라졌다. 그래서 미디어 환경이 바뀔 때마다, 공론장이 여전히 민주주의에 필요한 역할을 잘 수행하고 있는지에 대한 질문이 따라붙는다.

민주주의를 바라보는 세 가지 시선

공론장 이론은 이런 조건들을 설명하려는 시도다. 이 이론은 민주주의를 어떻게 이해하느냐에 따라 크게 세 가지 관점으로 나뉜다. 각 관점은 공론장이 어떻게 작동해야 하는지, 그리고 여론이 어떤 과정을 거쳐 형성되어야 하는지에 대해 서로 다른 기준을 제시한다.

(1) 자유주의 패러다임에서 공론장은 정치적 문제를 두고 다양한 의견이 오가는 토론의 공간이다. 이때 중요한 것은 단순히 많은 말이 오가는 것이 아니라, 다수의 의견이 일정한 무게를 갖고 드러나는 것이다. 토론은 사실에 근거해야 하며, 전문가의 지식도 중요하게 여겨진다. 이런 전제 때문에 이 관점은 다소 엘리트 중심적이고, 결과를 중시하는 경향을 보인다. 공론장에서 형성된 다수의 의견이 정치 과정에 반영되어 정책으로 이어지는 것이 이상적인 모습으로 그려진다. 다시 말해, 토론의 '결과'가 정치에 영향을 미쳐야 한다는 것이다. 또한 이 관점에서는 시민들이 충분하고 투명한 정보를 제공받는 것이 무엇보다 중요하다. 정보가 제대로 공개되어야 시민도 올바른 판단을 할 수 있기 때문이다. 이런 점에서 자유주의 모델은 대표자를 선출해 정치가 이루어지는 대의민주주의와 밀접하게 연결되어 있다.

(2) 심의적 패러다임에서는 '더 나은 논증의 힘'이 가장 중요하다. 단순히 많은 사람이 찬성하느냐보다, 어떤 주장이 더 설득력 있고 합리적인가가 핵심 기준이 된다. 목표는 감정이나 힘이 아니라, 이성적인 근거를 바탕으로 사회적 합의에 이르는 것이다. 그래서 이 관점은 최종 결과보다 논의 과정에 더 주목한다. 어떻게 토론이 이루어졌는지, 얼마나 충분히 숙고했는지가 중요하다. 자유주의 모델과 마찬가지로 기본적인 예의와 규칙은 필요하지만, 여기서는 특히 주장과 근거의 질이 강조된다. 심의의 결과는 단순한 다수결이 아니라, 서로 한 걸음씩 물러나며 만들어지는 타협과 합의에 가깝다. 다만 한 가지는 분명하다. 기본권은 흥정이나 협상의 대상이 될 수 없다는 점이다.

(3) 참여적 패러다임은 모든 사람이 공공의 의사결정 과정에 참여해야 한다고 본다. 중요한 것은 '누가 말할 수 있는가'이다. 즉, 공론장에 접근할 수 있는 기회, 다시 말해 '입력(input)'이 보장되어야 한다는 것이다. 누구나 차별 없이 참여할 수 있어야 하며, 다양한 사회 집단의 목소리가 공공 영역에 드러나야 한다. 오늘날처럼 다양한 가치와 정체성이 공존하는 사회에서는, 그동안 잘 보이지 않았던 집단 역시 공론장에서 가시화되어야 한다. 이런 이유로 참여적 모델은 토론에 엄격한 형식이나 까다로운 규칙을 두지 않는 편이다. 무엇보다 중요한 것은 가능한 한 많은 목소리가 드러나는 것이다. 의견 형성 과정을 서둘러 마무리해서는 안 되며, 다양한 입장이 충분히 검토되어야 한다. 또한 예전에는 개인적인 문제로 여겨졌던 사안이라도, 특정 개인의 사례를 넘어 사회적으로 의미가 있다면 공적인 의제로 다뤄질 수 있다. 예컨대 차별이나 돌봄 문제처럼, 개인의 경험에서 출발하지만 집단적 성격을 지닌 문제는 정치적 논의의 대상이 될 수 있다.

참여적 관점은 폭넓은 참여, 즉 '입력'에 초점을 둔다. 심의적 관점은 논의의 질과 문제 해결과정, 즉 '과정적 정당성(throughput)'을 중시한다. 반면 자유주의적 관점은 최종적으로 형성되는 다수 의견, 다시 말해 '출력(output)'에 더 큰 관심을 둔다. 공공 영역은 이런 다양한 기능을 함께 수행한다. 서로 다른 주제와 의견을 한데 모으고, 시민들에게 사실과 쟁점을 알림으로써 정치적 결정이 정당성을 갖도록 돕는다. 정보가 투명하게 공개되어야 시민도 참여할 수 있기 때문이다. 동시에 공공 영역은 공개적인 토론과 숙의를 가능하게 하여 사회의 방향을 설정하는 데 기여한다. 이 과정에서 저널리즘과 미디어는 매우 중요한 역할을 한다. 어떤 문제가 공론화되고, 어떤 목소리가 확산되는지는 결국 미디어 환경과 밀접하게 연결되어 있기 때문이다.

플랫폼은 무엇을 바꾸었을까?

플랫폼이 우리 사회의 의사소통 구조에 어떤 영향을 미치는지는 공론장과 민주주의의 관점에서 신중하게 따져볼 필요가 있다. 플랫폼 기업들은 자신을 전통적인 '언론'이나 '미디어'라고 부르지 않는다. 공적 책임을 지는 기관이라고도 말하지 않는다. 하지만 실제로는 미디어와 비슷한 역할을 하고 있다. 플랫폼은 사람들이 모이고, 의견을 나누고, 서로 연결되는 공간을 제공한다. 특정 주제를 중심으로 집단이 형성되고, 네트워크가 만들어진다. 이런 점에서 플랫폼은 새로운 형태의 공론장을 만들어내는 중요한 장치가 되었다.

제도적인 측면에서도 변화는 크다. 플랫폼은 기존 저널리즘과 뉴스 미디어의 작동 방식에 영향을 주고, 사람들이 정보를 소비하는 방식을 점점 더 개인화하고 있다. 관심사에 맞춰 콘텐츠가 추천되고, 알고리즘이 무엇을 볼지 정해준다. 인플루언서는 특정 이슈를 중심으로 새로운 공론의 장을 열 수 있고, 해시태그는 하나의 사건이나 주제를 순식간에 공적 논의의 중심으로 끌어올린다. 조회 수, 팔로워 수, '좋아요' 수 같은 숫자들은 무엇이 중요해 보이는지를 판단하는 기준이 된다. 뉴스 피드나 추천 목록의 배열 방식도 마찬가지다. 이런 요소들은 온라인 공간을 넘어 사회 전체에서 어떤 주제가 더 '눈에 띄는지'를 결정하는 데 영향을 미친다. 이렇게 되면서 공론장은 공간적으로도, 시간적으로도 훨씬 다양해졌다. 더 많은 사람이 참여할 수 있고, 더 다양한 이야기가 오간다. 접근성이 넓어지면서 공론장은 한층 역동적으로 변했다.

하지만 바로 그 역동성이 또 다른 문제를 만든다. 참여자는 너무 많고, 관점은 다양하며, 반응은 즉각적이다. 그 결과 흩어진 목소리를 하나의 '여론'으로 모으는 일이 점점 더 어려워지고 있다. 공론장이 사회를 안정시키고 통합하는 힘도 약해지고 있다. 깊이 있는 숙의를 거쳐 의사결정을 내리는 일 역시 점점 더 힘들어지고 있다.

대중매체가 공론장을 이끌던 시절, 저널리즘은 비교적 안정적인 중개 역할을 했다. 다양한 의견을 소개하고, 사실을 검증하며, 시민들이 공적인 문제를 이해할 수 있도록 돕는 기능을 수행했다. 이런 점에서 저널리즘은 자유주의 관점이 요구하는 사실에 근거한 토론과 다수 의견의 형성이라는 조건을 어느 정도 충족해 왔다고 볼 수 있다.

그 덕분에 사회는 비교적 안정적인 방식으로 스스로를 돌아볼 수 있었다. 사회학자 랄프 다렌도르프의 표현을 빌리자면, 민주주의의 핵심 목표인 '비폭력적인 변화'를 향해 나아가는 과정이 어느 정도 관찰 가능하고 조정 가능한 상태로 유지될 수 있었다는 뜻이다.

플랫폼이 등장하면서 공공 영역에 접근할 수 있는 문은 훨씬 넓어졌다. 더 많은 사람이 발언하고, 의견을 나눌 수 있게 되었다. 이런 변화는 참여의 확대라는 점에서 긍정적으로 평가할 수 있다. 정치적 평등을 강화한다는 측면, 이른바 '지식의 평등'이라는 이상에도 부합하는 면이 있다. 하지만 접근성이 넓어졌다고 해서 항상 좋은 결과만 생기는 것은 아니다. 플랫폼 공간에서는 증오 발언과 같은 극단적 표현이 확산되기 쉽고, 의견이 서로를 향해 점점 더 갈라지는 현상도 심화되고 있다. 참여의 확대가 동시에 분열의 확대를 가져오는 아이러니가 나타나고 있는 것이다. 플랫폼이 등장하면서 공론장과 정치적 의사소통의 방식은 크게 달라졌다. 무엇보다 공론장에 접근하기가 훨씬 쉬워졌다. 누구나 글을 올리고 의견을 낼 수 있게 되었고, 이런 점에서는 일정 부분 민주화가 이루어졌다고도 볼 수 있다. 이것이 이른바 '입력(input)'의 확대다. 하지만 참여가 늘어난 만큼 문제도 생겼다. 공론장에서 다뤄지는 주제가 너무 많아졌고, 정보의 양도 폭발적으로 증가했다. 그 결과 논의를 정리하고 깊이 있게 숙의하는 과정은 오히려 더 혼란스러워졌다. 예전에는 언론이나 특정 제도가 어느 정도 의제를 정리하고 방향을 잡아주었다면, 지금은 그런 조율 장치가 약해졌거나 뚜렷하지 않다. 수많은 의견을 하나의 흐름으로 모으는 일도 점점 더 어려워지고 있다.

무엇을 고민해야 할까

결국 공론장의 논의는 정치가 받아들일 수 있는 결과, 다시 말해 '출력'으로 이어져야 한다. 즉, 여론이 형성되어 정책과 결정에 반영되어야 한다는 뜻이다. 그러나 여전히 풀리지 않은 질문들이 남아 있다. 개인의 발언 하나하나가 실제 정치 결정에 얼마나 영향을 미칠 수 있는가? 빠르게 확산되는 온라인 소통은 어떤 위험을 낳을 수 있는가? 공론장의 변화와 관련해 개별적인 현상을 분석하는 연구는 존재한다. 하지만 플랫폼이 사회 전체에 미치는 영향을 종합적으로 살피는 체계적이고 지속적인 논의는 아직 충분하지 않은 상황이다.

플랫폼이 사회의 제도로 자리 잡았다는 것은 단순히 소통이 늘어났다는 뜻이 아니다. 이제는 그에 맞는 새로운 정책과 규칙이 필요하다는 뜻이기도 하다. 플랫폼은 사람들이 자유롭게 표현하고 소통할 수 있는 공간이지만, 동시에 사회적 책임도 져야 한다. 이를 위해서는 공적인 이익과 사적인 이익 사이에 새로운 균형을 세워야 한다. 이 과정에는 냉정한 연구와 분석이 필요하다. 동시에 시민사회가 비판적으로 참여해 목소리를 내는 것도 중요하다. 논의는 한 나라 안에서만 이루어져서는 부족하다. 플랫폼은 국경을 넘는 존재이기 때문에, 유럽연합과 같은 초국가적 차원에서도 논의가 이루어질 필요가 있다. 다양한 사회적 주체가 참여할수록 논의는 더 깊어질 수 있다.

하지만 이런 논의가 플랫폼 내부에서만 이루어져서는 한계가 있다. 그동안 플랫폼 기업들은 자사 공간에서 구조적인 비판이 확산되는 것을 꺼려왔다. 사회적 요구에 대해서도 정치적 압력이 가해지기 전까지는 적극적으로 대응하지 않는 경우가 많았다. 의회 청문회나 구체적인 규제 조치가 등장한 뒤에야 변화가 시작되었다는 점은 이를 보여준다.

공공 영역의 새로운 구조가 가져올 기회와 위험을 논의할 때, 학계와 시민사회의 목소리만으로는 충분하지 않다. 언론과 레거시 미디어 역시 중요한 역할을 해야 한다. 그러나 레거시 미디어는 현재 심각한 구조적 위기를 겪고 있고, 그로 인해 사회 전체의 토론을 이끌 힘도 약해지고 있다. 이는 플랫폼화가 빠르게 진행되는 상황에서 더욱 뚜렷하게 드러난다.

민주주의의 기본 원칙을 지키면서도 새로운 현실에 맞는 규범과 제도, 절차를 마련하려면 더 근본적인 논의가 필요하다. 우리는 앞으로 어떤 사회를 만들 것인지, 그리고 그에 맞는 '새로운 공공 미디어 체계'를 어떻게 설계할 것인지 진지하게 고민해야 한다.

* 이 글은 Sage Journals와의 협약을 통해 공동 게재하였습니다.

원문: Fischer, R., & Jarren, O. (2024). The platformization of the public sphere and its challenge to democracy. *Philosophy & Social Criticism*, 50(1), 200-215.

자본주의,
공감을 배우다

유장희
이화여대 명예교수이자 대한민국학술원 회원이다.
한국경제학회장과 대외경제정책연구원장 등을 역임했다.

사회과학인 경제학과 인문학인 철학이 어찌 보면 거리가 먼 것 같이 보인다. 그러나 사실상 행복을 추구하는 학문인 경제학이 가장 관심을 가져야 할 분야가 인간의 내적 심성과 지성을 연구하고 길을 찾아내는 철학이 아닐까 싶다.

보이지 않는 손의 한계

인문학 쪽에서도 '아담 스미스'하면 모르는 사람이 없을 것이다. 18세기 중엽 그 유명한 『국부론』이 출간된 이후 전통 경제학은 그가 제시한 자본주의 시장경제의 틀 안에서 이론적 발전을 이어왔다. 자유방임주의라고 요약되는 아담 스미스의 경제학은 시장에 참여하는 모든 이들에게 스스로 자유롭게 선택하고 판단할 수 있는 여건을 보장해 주면 시장은 보이지 않는 자율적 조정 기능에 의해 원만히 굴러가고 성장도 달성한다는 이론이다. 그러나 이러한 전통 경제학 이론은 최근 많은 이들의 비판을 받고 있다. 비판의 핵심 대상은 그 이론이 바탕으로 삼고 있는 '시장'의 본질 그 자체이다. 전통 이론에서 시장은 자유, 경쟁, 사적 소유, 효용과 이윤의 극대화와 같은 자기이익을 추구하는 인간 속성이 상호작용하는 공간으로 이해된다. 각자의 이익을 추구하는 행위가 충돌과 조정을 거치며 스스로 균형을 찾아가고, 그 균형이 경제 성장과 복지의 확대를 동시에 가능하게 한다는 것이다. 이러한 자유, 자율이 중심을 이루는 시장경제론은 지난 250여 년간 자본주의 경제 이론의 근간을 이루어 왔다. 특히 1990년대 초 소련 체제가 한계를 드러내며 붕괴한 이후에는, 자본주의 시장경제가 인류 역사를 떠받칠 유일한 체제로 자리 잡았다는 낙관적 전망이 힘을 얻기도 했다.

이익 너머의 마음

그럼에도 불구하고 최근에는 전통적 자본주의 이론과 체제를 일방적으로 찬양하기보다는, 이대로는 지속 가능하지 않다는 비판이 꾸준히 제기되고 있다. 자본주의의 모순을 지적한 칼 마르크스의 이론은 이미 오래전에 등장했으며, 최근에는 토마 피케티가 소득 불평등 문제를 정밀하게 분석하며 자본주의가 내포한 구조적 한계를 다시 환기했다.

　이처럼 시대와 관점을 달리하는 경제학자들이 공통적으로 지적하는 것은, 자본주의 체제가 태생적으로 안고 있는 근본적 문제들이다. 그리고 지금까지 제기된 다양한 비판들을 면밀히 살펴보면, 아담 스미스에서 출발한 시장 중심 자본주의 이론이 간과해 온 하나의 공통된 요소를 발견하게 된다. 그것은 바로 인간의 심성(心性)에 대한 이해다. 모든 인간은 자기이익을 추구하기 위해 시장에 참여하지만, 인간에게는 자기이익 추구욕(自利追求欲)만 있는 것이 아니다. 그와 함께 작동하는 또 하나의 중요한 심성이 있다. 나 자신을 넘어, 이웃과 사회, 더 나아가 국가와 인류를 향한 배려와 책임의 마음이다. 이러한 관점은 에마뉘엘 레비나스와 같은 현대 철학자뿐 아니라, 묵자와 같은 동양 철학자의 사상에서도 발견된다. 인간은 타자를 향한 책임과 겸애(兼愛)의 가능성을 동시에 지닌 존재라는 것이다.

만약 인간의 심성에서 이러한 이타적 요소가 결코 무시할 수 없는 중요성을 갖는다면, 경제적 의사결정 역시 그 영향을 받아야 하지 않을까? 시장에서 경제 행위를 할 때 개인의 효용 함수나 기업의 이윤 함수에 타인의 효용과 타인의 이익을 함께 고려하는 방식이 가능하지 않겠느냐는 가설이 여기서 나온다.

나의 행복은 내가 누리는 물질적 조건만으로 완성되지 않는다. 내 이웃이 얼마나 안정되고 존엄한 삶을 사는지를 인식하는 것 역시 나의 행복을 구성하는 중요한 요소일 수 있다. 만약 이러한 관점을 '공동선'이라 부른다면, 자본주의 경제는 단순한 자유경쟁 체제가 아니라 공존과 공생, 집단적 행복, 성과의 공유, 그리고 자발적 책임을 내포한 체제로 재정의될 수 있을 것이다.

놀랍게도 중국의 춘추전국시대에 겸애설을 주장한 묵자(墨子)의 철학을 음미해 보면 경제학자로서 느끼는 바가 많다. 그는 이미 오래전에 인간의 본성 안에는 타인을 자신과 동등하게 여기고 사랑하려는 마음이 깃들어 있다고 보았다. 물론 공자(孔子)의 가르침 가운데에도 "인간을 사랑하라"라는 구절이 등장한다. 그러나 공자의 인(仁)이 일정한 관계와 친밀성 속에서 확장되는 사랑을 강조했다면, 묵자의 겸애는 보다 급진적이다. 인간 상호 간에 광범위하고 평등하게 서로 존중하는 관계를 유지하는 것이 우리 사회를 호혜적 사회로 만들어 나가게 된다는 것이며 우리 인간은 동물과 달리 이러한 속성을 달고 태어났다는 것이다. 다분히 긍정적이고 성선설적인 내용으로 보인다.

시장과 정부를 넘어

모든 인간이 태어날 때부터 이러한 성선적 요소를 지니고 있는지에 대해서는 논쟁의 여지가 있을 것이다. 그러나 적어도 우리 사회 안에는 자신만이 아니라 타인을 위해 자발적으로 봉사하고 희생하려는 사람들, 곧 공동선을 지향하는 개인과 기관들이 적지 않다는 사실만큼은 부인하기 어렵다. 각종 자선단체, 사회봉사단체, 종교단체, 재난구호단체, 국제기구 등 인류의 복지와 생활여건을 향상지켜 보고자 노력하고 있는 기구들은 이미 곳곳에서 활동하고 있다.

　　그러나 그들의 노력의 총합이 소득불평등, 빈부격차, 그리고 자본주의 체제 내부에 존재하는 각종 모순을 해결하거나 완화하기에는 역부족인 것이 현실이다. 그 이유는 경제학의 많은 이론 모형이 사회를 '시장'과 '정부'라는 두 축으로만 구성된 구조로 전제하기 때문이다. 이러한 이분법적 틀 안에서는, 시민사회나 공동선의 자발적 실천이 체계적으로 반영되기 어렵다. 만약 한 국가가 시장과 정부라는 두 축에 더해, 시민들의 이타적 기여와 자발적 봉사를 제도적으로 확장하고 조율하는 제3의 기구를 마련한다면 어떨까. 필자는 이를 '공선부(共善府)'라 부르고자 한다. 이러한 기구가 등장한다면 자본주의는 보다 따뜻하고 인간적인 체제로, 상부상조와 공존공영의 가치를 실천하는 방향으로 발전할 수 있지 않을까 기대해 볼 수 있다. 다행히도 이러한 기대를 갖고 적지 않은 수의 경제학자들이 최근 의미있는 논문을 발표하고 있다. 마크 패닝턴, 다렌 아제모올루, 사이먼 존슨, 제임스 로빈슨, 진노 나오히코, 에두아르 테트로, 제레미 리프킨 등은 정부의 역할만을 강조하는 기존 관점을 넘어, 민간 부문에서도 공동선을 추구하는 제도적 장치를 설계할 수 있다고 주장한다. 시장과 정부만으로는 자본주의의 구조적 한계를 충분히 보완할 수 없으며, 시민사회 차원의 제도적 혁신이 필요하다는 것이다. 이러한 시도가 축적된다면 자본주의는 경쟁과 효율의 체제를 넘어, 공동선의 요소를 내장한 보다 균형 잡힌 경제 질서로 나아갈 수 있을 것이다.

공감자본주의의 실험

필자는 2025년에 발간한 《공감자본주의론》에서 구체적으로 공선부의 모습과 그 구조 그리고 그 내부에 여러 기능이 있어 한 사회의 공동선을 추구하고 운영해 나가기 위한 방법론까지도 제안한 바 있다. 즉 공선부 안에 접수부, 배분부, 관리부, 섭외부, 법인부, 재정부 등 6개 부처를 두고 전적으로 민간이 중심이 되어 운영하되 공선부 이외의 다른 두 섹터, 즉 정부와 시장이라는 다른 두 섹터로부터 사회복지를 위한 선한 협력을 이끌어낼 수 있는 구조를 마련하는 것이 바람직하다는 제안이다. 즉 시장·정부·시민사회가 각자의 역할을 유지하면서도 공동선을 위해 연계되는 삼원적 체계를 구상한 것이다.

　　그러면 공선부는 어떤 사람들로 구성되어야 하며, 이를 이끌 지도자는 어떻게 선출해야 할까? 이는 매우 중요한 질문이다. 이 문제에 대해 설득력 있는 답을 제시하지 못한다면, 공선부라는 제도는 물론이고 그것을 기반으로 한 새로운 사회 모델 역시 현실화되기 어려울 것이다. 물론 조직 이론에 정통한 전문가들의 자문을 구할 수 있겠지만, 우선은 현존하는 제도들 가운데 유사한 사례를 탐색해 볼 필요가 있다. 예를 들면 바티칸시의 디카스테리(Dicastery for the Service of Charity) 경우를 참고해 볼 필요가 있다. 이 기구는 교황이 추구하는 자선, 구호, 봉사 활동을 전담하며 비록 교황청에 소속되어 있으나 그 운영은 전적으로 디카스테리 담당자들이 외부의 간섭을 받지 않고 자율적으로 행하는 것이다. 구성원은 교황이 임명하지만, 모두 성직자라 는 점에서 선임 과정에 대한 사회적 논란은 크지 않다.

경제학과 철학이 손을 맞잡아 공감자본주의 체제를 모색한다면, 우리는 전혀 다른 가능성의 문을 열 수 있을지도 모른다. 물론 이는 아직 이론적 제안의 단계에 머물러 있다. 하나의 방향을 제시하는 가설일 뿐, 이를 현실로 구현하기 위해서는 더욱 치밀한 연구와 다수의 경제학자·철학자들의 지속적인 탐구가 필요하다. 또한 이 구상을 구체화하려면, 자본주의 체제를 채택하고 있는 여러 국가들이 함께 모여 국제적 차원의 공통된 합의를 모색하는 과정도 뒤따라야 할 것이다. 공동선이라는 가치가 한 국가 내부의 실험에 그치지 않으려면, 제도적 협력과 국제적 연대가 필수적이기 때문이다. 필자는 특히 건국 이념으로 '홍익인간'을 내세웠던 한국이 하나의 시범 사례가 될 가능성을 조심스럽게 제기한 바 있다. 다만 이는 어디까지나 개인적 제안에 불과하며, 충분한 공론과 학술적 검토를 거쳐야 할 문제다. 공감자본주의가 공상에 머무르지 않기 위해서는, 무엇보다도 열린 토론과 집단적 지혜가 선행되어야 할 것이다.

법은 누구를 위해 존재하는가?

이진남

강원대 철학과 교수이다.
윤리, 법, 종교에 대해 연구해왔고 철학상담과 철학카페 활동을 해오고 있다.

"법대로 했다"는 말의 의미

청문회를 통해 자격을 검증받는 장관 후보자들이 약속이나 한 듯이 주문처럼 하는 말이 있습니다. '저는 법에 저촉받는 일은 한 적이 없으며,,,' 그런데 이런 말을 들으면 우리는 즉각적으로 그 의도를 알아차립니다. 그래서 '저 사람은 무언가 켕기는 짓을 한 적이 있군.'이라고 여깁니다. 스스로 가진 법기술이나 능력 있는 변호사를 써서 현행 실정법을 피해 갈 수는 있어도, 도덕적으로 볼 때는 떳떳하지 않은 일을 한 적이 있다는 고백으로 받아들입니다. 위장 전입, 세금체납, 병역비리, 취업특혜 등 레퍼토리도 다양합니다.

그런데 가만 생각해 보면, 청문회의 후보자들이 생각하는 법이 도대체 무슨 의미길래 우리 같은 평범한 사람들은 엄두도 못 내는 일을 저지르고도 저렇게 태연하고 떳떳할 수 있을까 하는 의문이 들기도 합니다. 저런 나쁜 짓을 하고도 실정법의 조항만 피해 갈 수 있다면 저렇게 높은 직책을 당당하게 맡을 수 있다고 어떻게 생각할 수 있을까 하는 생각이 듭니다. 그래서 세상은 원래 불공평 한 곳이고, '억울하면 출세하면 되지'라며 자조하는 사람도 있습니다.

그렇다고 뻔뻔한 정치인들을 욕하는 평범한 사람이라고 문제가 없는 것은 아닙니다. 우리 주변의 보통 사람 중에서도, 교통사고나 상속과 같이 예민한 문제 앞에서는 도덕과 양심보다는 법을 방패 삼아 자신의 이익을 보호하는 경우가 많습니다. 그래서 이럴 때 상투적으로 외치는 주문이 '법대로 해!'입니다.

이렇게 잘나가는 정치인이나 평범한 시민이나 법을 내세워 자신의 이익을 지키고 자신이 벌인 부도덕한 행동을 감추려 합니다. 그런데 우리가 이런 사람들의 행태에 불편함을 느끼는 것은 무엇 때문일까요? 여기에 뭔가 문제가 있는 것은 분명한데, 어디서부터 어떻게 잘못되었는지 설명할 수 없는 것은 무엇 때문일까요?

자연법과 실정법 사이

우리의 법 개념은 흔히 이중적입니다. 일반적으로 법이라고 말할 때 우리는 정의를 구현하는 법, 곧 옳은 것으로서의 법을 떠올립니다. 다른 사람들의 문제를 이야기할 때 법은 정의로워야 하는 어떤 것으로 이해됩니다. 그러나 바로 지금 나에게 적용되는 법, 나를 지켜주어야 하는 법은 그렇게 추상적인 것일 수 없습니다. 이 경우 법은 구체적인 실정법, 곧 현재 시행되고 있는 현행

법을 의미하게 됩니다. 이처럼 일반적이고 추상적인 의미에서의 법을 자연법이라 하고, 구체적이고 현실적인 의미에서의 법을 실정법이라 할 수 있습니다.

그런데 자연법과 실정법의 관계는 이렇게 간단한 것이 아닙니다. 자연법은 옳고 그름의 궁극적 기준이 원래부터 정해져 있다는 것을 전제합니다. 신이 그 기준을 부여했건 아니면 그냥 본성적으로 그런 것이건 간에, 자연법은 객관적이고 절대적인 기준이 애초부터 있었다는 점을 내세웁니다. 스토아학파 사람들은 우주의 이법이 개별 인간의 이성에 각인된 것이 바로 자연법이라고 말합니다. 유가에서 말하는 성(性)도 천지의 도리에 따라 살 것을 명하는 것이기 때문에 일종의 자연법이라고 할 수 있습니다. 동서양을 막론하고 자연법주의는 인간이 인간으로 태어난 이상, 인간의 본성대로 살 것을 명령합니다.

반면, 실정법은 구체적인 맥락 속에서 구속력을 가진 법을 말합니다. 주로는 국가 권력이 정한 바를 의미합니다. 자연법은 옳음, 정의, 합리성과 같은 이상적인 측면을 강조하는 반면, 실정법은 권력, 구속력, 현실성 같은 현실적인 측면에 방점을 둡니다. 플라톤이 『국가』에서 '정의는 강자의 이익'이라는 실정법주의를 내세운 트라시마코스를 비판한 이래, 전통적으로 적어도 학문 세계에서는 자연법주의가 대세였습니다. 그러다가 19세기 이후에 실증주의의 영향으로 정의나 합리성보다는 권력이나 현실성을 강조하는 법실증주의 혹은 실정법주의가 법조계에서 대세를 이루게 되었습니다.

그래서 지금 우리가 살고 있는 21세기에는 묘하게 이중적인 법 개념이 혼용되고 있습니다. 고중세의 오랜 전통인 '정의로서의 법'과, 19세기 이후 힘을 얻은 '권력으로서의 법'이 불편한 동거를 하고 있는 셈입니다. 우리는 명분을 내세우거나 타인의 잘못을 비판할 때는 자연법에 기대고, 자신의 잘못을 감추거나 개인적 이익을 보호받고자 할 때는 실정법에 호소하곤 합니다. 현대 법철학에서 큰 권위를 인정받는 구스타프 라드브루흐는 법의 세 가지 목적, 또는 이념으로 정의, 합목적성(공공복리), 법적 안정성을 제시했습니다. 그는 정의와 법적 안정성이 합목적성보다 선행한다고 보면서도, 정의와 법적 안정성 가운데 무엇이 더 우선하는지에 대해서는 명확히 밝히지 않았습니다.

그런데 이러한 법 개념의 혼란은 단순히 자연법과 실정법의 대립, 혹은 그중 하나를 선택하는 문제로 환원되지 않습니다. 그 근원에는 근대 이후 우리의 삶과 사회 전반에 확산된 개인주의가 자리하고 있습니다. 과거에는 공동체의 차원에서 논의되던 법이 근대 이후 개인의 관점에서 이해되기 시작하면서, 법을 바라보는 시각 자체가 달라졌고 그 과정에서 개념적 혼동이 발생하게 된 것입니다.

아퀴나스가 제시한 법의 조건

그렇다면 이러한 혼동을 해결할 수 있는 방법은 무엇일까요? 고대와 근대의 중간에서 자연법주의와 실정법주의를 모두 받아들이면서 종합적인 법 개념을 제시했던 토마스 아퀴나스의 법에 대한 설명을 들으면, 이런 문제가 해소될 것으로 믿습니다. 아퀴나스는 법을 '공동선을 위해 공동체를 책임지는 자가 공포한 이성의 명령(rationis ordinatio ad bonum commune, ab eo qui curam communitatis habet, promulgata)'으로 정의합니다. 이러한 법 개념은 네 가지 요소를 가지고 있습니다. 첫째 법의 목적은 공동선(bonum commune)입니다. 둘째, 법의 실체는 이성의 명령(rationis ordinatio)입니다. 셋째, 법 제정의 주체는 공동체를 책임지는 사람(is qui curam communitatis habet) 즉, 권력자입니다. 넷째, 법 제정의 대상은 공포(promulgatio)를 통한 시민의 마음입니다. 이 네 가지 요소는 법이 갖춰야 할 필요조건들 입니다.

　여기서 법의 정체를 이성의 명령으로 보았다는 점에서 아퀴나스는 자연법주의를 따릅니다. 그렇지만 법을 만드는 주체를 권력자로 보았다는 점에서 그는 실정법주의를 무시하지 않습니다. 이렇게 그는 정의로운 이성의 명령과 현실적 권력의 필요성을 모두 수용합니다. 그래서 현실적 권력을 가진 공권력이 만든 정의로운 명령인 법 개념에서는 자연법과 실정법 사이의 갈등이 보이지 않습니다.

법은 누구를 위한 것인가

그렇지만 우리 현대인들이 흔히 놓치기 쉬운 점은 법의 목적을 공동선으로 보았다는 점에 있습니다. 민주국가에 사는 우리는, 국가의 법은 당연히 나 같은 국민 개인의 선과 이익을 보호하는 데 목적이 있을 것이라고 기대합니다. 국가의 이익과 같은 전체적인 것을 추구하는 법은 독재국가에서나 가능한 것이라고 생각합니다. 혹은 개인의 사적인 선들을 각각 보장하는 것이 궁극적으로 국가 전체의 이익을 보장하는 첩경이라고 믿습니다.

　각자의 욕망 추구가 보이지 않은 손이 부리는 마술에 의해 모두의 이익으로 둔갑하리라 기대합니다. 이것이 '최대다수의 최대행복'을 추구하는 공리주의의 상식일 것이라고 생각합니다.

　그러나 개인적 선과 이익의 산술적 합계와 공동선이 꼭 같은 것은 아닙니다. 공동체 전체의 행복은 그 공동체 구성원 개개인의 행복으로 구성되기도 하지만, 그 개인의 행복을 규정하기도 합니다. 공동선은 개인적 선의 바탕 위에서 실현되지만, 개인적 선을 이끄는 방향타와 같은 것입니다. 법을 내세워 나 자신의 사적 이익만을 추구하는 것은 법의 정신에도 맞지 않을뿐더러 그런 사람들이 모여 사는 사회는 모래알같이 부서지는 군집일 뿐입니다. 법은 이기적 개인을 보호하는 한낱 장치가 아니라, 자기가 속한 공동체를 사랑하고 그 공동체를 위해 노력하면 공동체와 운명을 같이하는 사람들을 지켜주는 보루입니다.

　법이 공동선을 추구하는 것은 법 제정에만 해당되는 것이 아닙니다. 법을 실천할 때도 공동선의 추구가 요구됩니다. 이점은 바로 아퀴나스의 법의 정의에 있어 네 번째 요소와 결부됩니다. 법을 만드는 것은 법을 공포하는 권력자가 하는 일이지만, 법을 지키고 실천하는 것은 법이 공포되는 대상 즉, 통치의 대상인 인민입니다. 공동선은 법을 만드는 과정에서도 필요하지만, 그렇게 만들어진 법을 지키며 사는 데서도 필요한 일입니다. 공동선을 실현하는 데 있어, 법을 제정하는 것은 가능태이지만 법을 실천하는 것은 현실태입니다.

　아퀴나스는 법이 정의롭기 위해서는 세 가지가 필요하다고 말합니다. 사적 이익이 아니라 공동선을 위해, 정당한 권력에 의해, 그리고 정의로운 원칙에 따라 이루어져야 한다는 것입니다. 그래서 그는 정의롭지 않은 법은 법이 아니라 법의 왜곡(perversitas legis)이자 폭력(violentia)이라고 선언합니다. 또한 그는 민주정의 기본 조건으로 인민이 온건하고 신중하며 열성적으로 공동선을 옹호할 것을 제시합니다. 이렇게 법은 원래 나를 위한 것이 아니라 우리 모두를 위한 것입니다. 이것이 바로 공동선이 법의 목적인 이유입니다.

AI는 선을 학습할 수 있을까?

석봉래

미국 펜실바니아주 앨버니아 대학의 철학교수이며,

인지과학, 인공지능, 비교 도덕 심리학을 연구하고 있다.

기술은 발전했고, 질문은 남았다

컴퓨터의 연산 능력을 인간의 인지 능력에 견줄 수준으로 발전시키려는 인공지능 연구가 시작된 지도 70년이 넘었다. 여러 차례의 'AI 겨울'을 거쳤지만, 오늘날 인공지능은 산업과 문화의 핵심 기술로 확고히 자리 잡았다. 특히 21세기 들어 인공신경망과 기계학습을 기반으로 한 트랜스포머 구조의 발전은 거대 언어 모델의 등장을 가능하게 했고, 인공지능은 전문가의 연구 영역을 넘어 일상의 기술로 빠르게 확산되었다. 이제 인공지능은 단순한 정보 분류나 계산을 수행하는 도구에 머물지 않는다. 텍스트·이미지·음성 등 다양한 데이터를 통합적으로 처리하는 멀티모달 체계를 갖추었고, 새로운 내용을 생성하며 일정 수준의 계획과 판단 보조 기능까지 수행하고 있다.

이러한 정보 기술의 눈부신 발전 속에서, 우리는 인공지능이 우리에게 어떤 의미를 가지고 어떤 가치를 실현하는 지를 질문해야 하는 단계에 이른 것 같다. 인공지능이 몰고 올 많은 문화적, 사회적, 경제적, 정치적 변화를 생각할 때, 인공지능은 누구를 위한 것이고 인공지능이 추구하는 정보 인지적 가치가 인류 전체의 삶과 문화에 도움이 되는지 살펴보지 않을 수 없다. 특별히 인공지능의 기능과 그것이 추구하는 가치가 공동선의 역할을 할 수 있는지에 대한 관심이 높아지고 있다.

공익만으로는 충분하지 않다

개인의 이익을 사익이라 한다면, 사회 전체의 이익은 공익이라 부를 수 있을 것이다. 그러나 공익이 곧 공동선과 동일한 것은 아니다. 사익과 공익은 이익이 귀속되는 범위를 구분하는 개념일 뿐, 그 이익이 추구하는 가치의 성격까지 보장하지는 않기 때문이다. 만약 사회의 다수 혹은 전체가 왜곡된 가치를 추구한다면, 공익은 다수의 이름으로 정당화된 잘못된 선택이 될 수도 있다. 예컨대 다수가 동의하는 전체주의적 체계가 사회 구성원의 집합적 이익에 기여 한다고 주장될 수는 있다. 그러나 그것이 곧 공동선이 되는 것은 아니다. 공동선은 단순히 '많은 사람이 원한다'는 형식적 조건을 넘어서, 그 내용이 보편적으로 정당한 가치인가를 묻기 때문이다. 이러한 의미에서 공동선은 특정 사회가 선호하는 공통의 가치에 머무르지 않는다. 그것은 공정, 평등, 정의, 협동과 같은 보편적 가치와 연결될 때 비로소 성립한다. 다시 말해 공동선은 다수가 공유하는 가치이면서 동시에 인류 보편의 기준을 향해 열려 있어야 한다. 그렇다면 인공지능은 이러한 공동선을 실현하는 연산적 인지 체계가 될 수 있을까?

먼저 인공지능을 중요한 사회적 가치의 관점에서 생각해 보자. 만약 인공지능이 인간의 삶의 질에 중대한 영향을 미치는 기술이라면, 그것은 권력과 자본, 교육 기회를 가진 소수만이 독점적으로 이용하는 자원이 되어서는 안 된다. 이 점에서 인공지능은 경제학이 말하는 공공재의 성격을 지녀야 한다. 즉 누구도 배제되지 않고 접근할 수 있는 비배제성, 그리고 한 사람의 사용이 다른 사람의 사용을 감소시키지 않는 비경합성을 갖추어야 한다.

이를 이해하기 위해 교육을 예로 들어 보자. 교육은 인간 삶의 기회를 좌우하는 핵심 자원이지만, 비용과 시간의 제약 때문에 일부만이 충분한 혜택을 누릴 수 있다. 만약 교육 기회가 제한된 기관과 집단에 의해 선점된다면, 다른 이들의 접근은 구조적으로 차단된다. 이러한 불균형을 완화하기 위해 등장한 것이 보편적 기초 교육의 원칙이다. 기본적인 교육 자원은 누구에게나 일정 수준까지 개방되어야 하며, 배제성과 경합성을 줄여 공공적 성격을 강화해야 한다는 생각이다.

공공재인가, 편향의 증폭기인가

같은 맥락에서 인공지능 역시 비배제적이고 비경합적인 공공적 인프라로 설계될 필요가 있다. 누구나 안전하게 접근하고 활용할 수 있는 '공공 인공지능'의 구상은 공동선의 관점에서 충분히 검토될 만하다. 그러나 단지 접근이 열려 있다는 이유만으로 공동선이 자동적으로 달성되는 것은 아니다. 인공지능이 공동선이 되기 위해서는 그것이 생산하고 전달하는 내용, 그리고 그것이 지향하는 방향이 인류 보편의 가치와 조화를 이루어야 한다. 공정, 존엄, 평등과 같은 기준과 충돌하지 않는 지향성을 갖는가의 문제는 단순한 기술 설계의 차원을 넘어서는 핵심 과제가 된다.

최근에는 이러한 공동선의 이상에 반하는 인공지능의 극단화 성향, 특히 '알고리즘 극단화'에 대한 우려가 제기되고 있다. 인터넷 플랫폼은 사용자 관심과 체류 시간을 늘리기 위해 자극적인 콘텐츠를 우선적으로 노출하는 경향이 있다. 평범하고 절제된 주장보다 감정을 자극하는 극단적 메시지가 더 많은 클릭과 조회를 만들어내기 때문이다. 이러한 환경에서 추천 알고리즘은 사용자 반응 데이터를 학습하면서 점점 더 강한 자극의 콘텐츠를 제안하게 된다.

알고리즘이 특정한 극단적 입장을 의도적으로 지지하는 것은 아니다. 그러나 사용자가 자극적 콘텐츠에 반복적으로 반응하면, 알고리즘은 이를 선호 신호로 해석하고 유사한 내용을 계속 추천한다. 그 결과 사용자의 정보 소비는 점점 한쪽 방향으로 편향되고, 자극적·극단적 담론이 스스로를 강화하는 순환 구조가 형성될 수 있다.

이러한 악순환 속에서 인공지능의 추천 시스템은 단순한 중립적 도구를 넘어, 사회적 분열과 정치적 양극화를 증폭시키는 요인으로 작동할 위험이 있다. 이는 인공지능의 설계와 학습 방식이 인간 사회의 가치 질서에 어떤 영향을 미치는지 다시 묻게 만든다.

개인의 선택이라는 차원에서 보면, 사람들은 새롭고 자극적인 정보를 선호하는 경향이 있다. 이러한 심리는 자신이 보고 싶은 정보만을 선택적으로 소비하게 만드는 '정보 버블'을 형성하며, 극단적 콘텐츠에 대한 노출을 스스로 강화하기도 한다. 그러나 구조적 차원에서 보면 문제는 더 복잡하다. 인공지능 추천 알고리즘은 사용자의 관심과 반응을 학습하여 유사한 콘텐츠를 반복적으로 제안한다. 이 과정에서 자동화된 '필터 버블'이 형성되고, 사용자는 점점 더 제한된 정보 환경에 머물게 된다.

이러한 상황은 '반향실 효과'를 낳는다. 비슷한 관점의 정보가 반복적으로 전달되면서, 마치 메아리처럼 특정한 생각이 증폭되는 현상이다. 그 결과 정보는 균형 있게 비교·검토되기보다, 한 방향으로 강화된다. 여기에 확증 편향이 결합하면 문제는 더욱 심각해진다. 사람들은 자신이 이미 믿고 있는 주장에 부합하는 정보만을 받아들이고, 반대되는 정보는 무시하는 경향을 보인다. 개인의 선택에서 시작된 정보의 울타리는 알고리즘의 추천 구조와 결합하면서 조직화된 인식의 경계로 굳어지게 된다.

이처럼 차단과 증폭이 반복되면 비판적 사고는 약화되고, 자기 정당화와 편향된 확신이 강화된다. 만약 온라인 정보 환경이 이러한 알고리즘 구조에 의해 형성되고 있다면, 인공지능은 공동선을 지향하는 공공적 도구라기보다 사회적 분열을 증폭시키는 장치로 작동할 위험을 안고 있다고 말할 수 있다.

알고리즘은 어떤 가치를 배울 것인가

결국 인공지능이 공동선이 되기 위해서는, 다른 공공재와 마찬가지로 접근의 개방성과 이용의 평등성이 보장되어야 한다. 누구나 쉽게 활용할 수 있어야 하며, 특정 집단만의 독점적 자원이 되어서는 안 된다. 그러나 접근 가능성만으로 충분하지는 않다. 인공지능이 생성하고 확산하는 내용 역시 편견과 혐오, 비민주적 가치와 억압적 이념을 확대 재생산하는 방향이 아니라, 인류의 보편적 가치와 조화를 이루어야 한다.

특히 극단주의와 혐오를 증폭시킬 수 있는 알고리즘 구조의 위험을 예방하고 통제하려는 지속적인 노력이 요구된다. 인공지능 기술 그 자체는 도구로서 일정 부분 가치중립적일 수 있다. 그러나 그것이 학습하는 데이터, 설계되는 기준, 운용되는 환경은 결코 중립적이지 않다. 바로 그 지점에서 가치 편향과 극단화 성향이 개입될 가능성이 항상 존재한다. 따라서 인공지능이 공동선을 실현하는 공공적 인지 체계로 기능하기 위해서는, 우리는 알고리즘적 극단주의와 확증 편향의 정보 구조에 대해 끊임없이 비판적 감시와 윤리적 성찰을 기울여야 한다.

빅데이터 시대의 공동선

안광복

서울 중동고 철학교사. 소크라테스 대화법 연구로 박사학위를 받았다.

『철학으로 돌파하라』, 『우리가 매혹된 사상들』등 20여 권의 철학 교양서를 쓴 스테디셀러 작가이다.

일은 왜 언제나 업무시간만큼 늘어날까?

"2030년경이 되면 평균 노동 시간이 주 15시간 정도로 줄 것이다."

경제학자 존 메이너드 케인즈가 1930년에 발표한 에세이 「우리 후손들의 경제적 가능성」에 나오는 주장이다. 그때나 지금이나 인류의 생산 능력은 빠르게 발전하고 있다. 2010년 미국의 우유 생산량은 이미 1970년대의 두 배에 달했다고 한다. 같은 기간 밀의 수확량은 두 배, 토마토는 세 배가 늘었다. 자동차나 냉장고 같은 공산품의 생산성도 더할 나위 없이 좋아졌다. 지금은 아예 AI가 사람의 노동을 빠르게 대신해 가고 있다. 이에 따라 생산성은 더 이상 인간의 노력이 필요 없을 만큼 수준으로 높아지고 있다. 이제 100년전, 케인즈의 예상했던 하루 3시간만 일해도 되는 세상이 비로소 실현되는 듯싶다.

하지만 이를 축복으로 여기는 이들은 많지 않아 보인다. 여전히 일이 곧 소득인 까닭이다. 기계가 내 일자리를 꿰찬다면 나는 어찌 생계를 꾸려간단 말인가. 지난 100년 동안에도 케인즈의 바람과 달리 노동 시간은 좀처럼 줄어들지 않았다. 사람들이 일거리를 끊임없이 찾아내 늘려 간 탓이다.

"일은 언제나 업무시간만큼 늘어난다." 이른바 '파킨슨의 법칙'이라 불리는 일터에서의 모습이다. 일감이 하루 세 시간 노동으로 충분히 감당할 만해도, 사람들은 8시간 근무시간을 채우기 위해 어떻게든 일거리를 만들어 낸다. 일터에서 가짜 노동이 넘쳐나는 이유다. 이는 열심히는 하지만 왜 하는지는 알기 힘든 쓸데없는 노동을 일컫는 말이다. 끝없이 이어지는 회의를 위한 회의, 서류를 위한 서류들을 떠올려 보라.

그런데도 세상은 여전히 일자리를 늘리려 골머리를 앓는 중이다. 이런 모습이 과연 바람직할까? 일에서 놓여나 여가를 넉넉하게 누리는 삶은 인류의 오랜 꿈이었다. 문명의 생산성이 사회 전체의 수요를 감당할 만큼 높아졌다면, 이제 우리는 노동의 시대를 넘어 여가의 세상으로 나아가야 한다. 이는 케인즈가 이미 100년 전에 제안한 내용이기도 하다.

그림자 노동에도 대가를 지불하라

하지만 오랫동안 일 중심으로 꾸려져 온 인류 문명을 여가 중심으로 바꾸기란 절대 쉽지 않다. 무엇보다 일에서 놓여나려면 사람들에게 생활에 가능할 만큼의 수입이 있어야 한다. 이는 기본소득제가 등장한 이유 중의 하나이기도 하다. 그러나 노동에 익숙한 문화는 모든 이에게 일하지 않아도 소득을 안 긴다는 생각은 그 자체로 반발을 부르곤 한다.

게다가 도미니크 슈나퍼에 따르면, 사람들은 땀 흘려 일하며 돈을 벌고 싶어 한다. 노동을 통해 보람을 찾고 자기 가치를 증명하려 하기 때문이다. 예컨 대, 프랑스에서는 자기 아이를 다른 어린이집에 맡기고 출근하는 보육교사가 적지 않다고 한다. 부모를 요양원에 맡기고 자신은 요양보호사나 간호사로 활동하는 경우도 드물지 않다.

이처럼 일이 주는 의미는 소득을 넘어선다. 그렇다고 사람들이 이제는 기계 가 대신하게 된 힘든 노동을 다시 하고 싶어 하지는 않는 듯싶다. 많은 공장 에서 단순노동 일자리를 매울 일손을 못 구해 애를 먹는 현실을 보라. 사람들 은 대부분 충분히 가치 있어서 보람을 느낄 수 있는 일을 원한다. 그런 일자리 를 어디서 만들어 낼 수 있을까?

이 물음에 대해 울리히 벡은 '시민 노동'이라는 해답을 내놓는다. 이는 '사 회를 유지하는 데 꼭 필요하지만, 지금까지는 경제적 대가를 주지 않았던 활 동'을 뜻한다. 그림자 노동이라 불리는 육아나 가사 등등이 여기에 해당하 겠다. 예술이나 문화, 정치 등등에서도 다양한 시민 노동이 펼쳐지곤 한다. SNS나 유튜브 등에 올라오는 창작물들, 다양한 댓글들은 삶과 문화를 풍 성하게 한다는 측면에서 노동이라 할 만하다. 울리히 벡은 이런 노력에 대해 서도 마땅한 대가를 지불해야 한다고 힘주어 말한다. 거대 IT기업들은 빅데 이터를 밑천 삼아 굴러간다. 사람들이 늘 하는 검색 활동, 누르는 '좋아요'와 '구독'은 오롯하게 빅데이터로 쌓여가지 않던가. 내가 웹상에서 무엇을 보고 어떤 활동을 하는지도 오롯하게 빅데이터로 쌓여간다.

우리는 공짜로 여러 프로그램을 이용하고 있다고 생각하지만, 실은 IT 기업 들이 이용자들을 통해 필요한 정보들을 쉽게 얻어내고 있는 셈이다. 우리가 프로그램을 사용하는 활동들은 실은 보상을 받아야 마땅한 시민 노동이다. 그런데도 기업들은 여기에 대해 마땅한 대가를 사람들에게 지급하고 있지 않다.

시민노동, 디지털 노예화를 막을 대안

시민노동은 경제적 보상과 수입이라는 차원을 넘어선다. 우리는 자발적으로 디지털 노예가 되어가고 있는 탓이다. 검색 알고리즘 등은 나를 나 자신보다 더 잘 아는 듯싶다. 추천 콘텐츠 목록에는 늘 내가 좋아하는 것들만 가득 뜨 지 않던가. 그럴수록 나에게는 점점 내가 싫어하는 것, 알아야 하지만 알고 싶지는 않은 콘텐츠를 접할 기회는 사라진다. 게다가 알고리즘은 우리에게 기업의 이익에 걸맞은 콘텐츠만 보여 주며, 우리의 욕망과 생각을 토끼몰이 하듯 끌고가기도 한다. 그래서 NGO 운동이나 정치적 활동에 대해서도 시민 수당을 지급하라는 울리히 벡의 주장은 의미심장하다. 그는 이렇게 말한다. "유럽을 떠도는 신(新)나치주의를 막을 수 없다면, 이에 맞서는 정치적 활동들도 정당한 노동으로 인정해야 한다." 기업이나 개인은 자기 이익을 가장 중요하게 여긴다. 따라서 사회에 무엇이 정말 도움이 되는지 하는 고민은 뒷전으로 밀리곤 한다. 자극적인 콘텐츠로 조회수를 높이고 구독자를 끌어모아 돈을 챙기는 콘텐츠 운용자들을 떠올려 보라.

이들의 폐해를 막는 데도 시민 수당은 요긴하다. 올곧은 주장은 좀처럼 돈이 되지 않는다. 사람들은 옳은 소리보다 듣고 싶어 하는 말에 귀를 기울이는 탓이다. 그렇다면 사회를 바람직한 방향으로 이끄는 콘텐츠와 생각에 마땅한 대가가 주어진다면 어떨까? 흥미보다 올곧음이라는 잣대에 따라 만들어지는 내용물들이 훨씬 많아질 터다.

애벌레의 실수에 빠지지 말라

울리히 벡은 문명의 발전을 '1차 근대'와 '2차 근대'로 나누어 설명한다. 1차 근대는 인류 문명이 가난에서 벗어나기 위해 애를 썼던 시기다. 반면, 2차 근대는 1차 근대가 낳은 문제를 해결하는 시기다. 1차 근대는 공해와 기후 위기, 빈부 격차같이 사회의 안정과 지속을 어렵게 하는 난제들을 낳았다. 우리는 이를 풀어나가야 2차 근대의 세상을 살아가고 있다. 1차 근대 사회에서는 생산량을 늘릴수록 큰 보상을 받는 것이 '상식'이었다.

그러나 2차 근대 사회에서는 세상의 문제를 해결하는 활동이 더 큰 보상을 받아야 맞다. 지금의 자본주의는 물자 부족에서 오는 절대빈곤에서 이미 벗어난 상태이기 때문이다. 오히려 생산 과잉이 더 큰 문제로 여겨지는 세상이다. 이제는 물자나 자원을 사회의 구조적인 문제를 풀어가며 공동선을 이루는 방향으로 사용해야 하는 이유다. 울리히 벡은 '애벌레의 실수'에 빠지지 말라고 강조하기도 한다. 나비로 거듭날 자신의 운명을 알지 못한 채 망가지는 고치에 매달리는 잘못에 빠지지 말라는 충고다.

이제 노동의 종말은 정해진 미래에 가깝다. '주 4일 노동'에 대한 논의도 점차 활발해지고 있다. 사라지는 일자리를 지키는 데 미련을 두어서는 안 된다. 오히려 정책은 가치 있는 활동에 대가를 주려는 방향으로 설계되어야 한다. 인류 문명은 이를 감당할 만한 생산력을 갖추어 가고 있다.

세대갈등이 심각하지만
쿼카는 귀여워

충코

일상의 순간을 철학적 시선으로 분석하는 크리에이터.
서울대학교에서 철학을 공부하고 베를린자유대학교에서 석사 학위를 취득했다.

우리는 왜 이렇게 멀어졌을까

세대갈등이 날로 심각해지고 있습니다. 20대가 10대를, 30대가 40대를 미워하는 세상입니다. 이전 같으면 비슷한 나이대로 묶였을 사람들이 불과 10년도 안 되는 차이로 서로 거리감을 느낍니다. 세대의 범위는 갈수록 좁아지고, 다른 세대와의 소통은 점점 어려워지고 있습니다. 이러다가 나중에는 같은 년도 1월생이 12월생을 이해하지 못하게 되는 게 아닌지 과장 섞인 상상을 해봅니다.

지금 세대 간의 골이 깊어지는 핵심 이유 중 하나는 공통의 소통의 장이 사라졌다는 겁니다. 불과 2010년대 초까지만 해도 전 국민이 다 함께 보는 TV 예능 프로그램이 있었습니다. 10살 아이부터 80대 노인까지 강호동, 유재석을 알았습니다. 가족이 다 함께 뉴스를 시청하는 경우도 많았죠. 사람들은 삼삼오오 둘러앉아 세대를 넘나드는 공감대를 쌓는 시간을 가졌습니다.

그런데 요즘은 사정이 완전히 달라졌습니다. 대중매체는 이미 낡은 매체가 되어 버렸습니다. 요즘 사람들은 SNS를 통해 압도적으로 많은 정보를 접합니다. 그러면서 각 세대는 자신에게 인기 있는 콘텐츠만 보게 됐습니다. 강호동, 유재석 같은 전 국민을 아우르는 유명인은 줄었고, 다른 세대의 사고를 접할 일은 무척 적어졌습니다. 이런 시대적 상황에 대해 일본의 철학자 다이고쿠 다케히코는 "네트워크 사회"가 도래했다고 표현했습니다.

네트워크 사회의 특징은 중앙에서 정보를 쏴주지 않고 각 사람들이 정보를 만들어내며 소통한다는 겁니다. 그렇기 때문에 모두가 하나의 진실을 보는 일이 일어나지 않습니다. 과거 사회에서는 TV나 신문에서 말하는 공통의 진실을 모두가 보며 살았습니다. 모두가 같은 것을 믿으니, 그 믿음에 기초해 소통이 가능했습니다. 그런데 이제는 각자가 자신이 교류하는 사람들과만 진실을 공유합니다. 같은 공간에 있지만 서로 다른 진실을 봅니다. 그래서 소통이 아주 어려워졌습니다.

이런 상황은 마냥 나쁜 것만은 아닙니다. 우리는 이제 중앙의 기관에서 전하는 통제된 진실보다 더 폭넓은 것을 알 기회를 얻었습니다. 하지만 문제는 사람은 계속 보던 것만 보는 경향이 있으며, 알고리즘은 이걸 도와준다는 겁니다. 그 결과 네트워크 사회에서 사람들은 점점 비슷한 집단끼리 공유하는 정보에만 갇히고 있습니다.

그래도 같은 마음은 있다

그렇다면 우리는 과연 어떻게 다시 공통의 소통의 장을 만들 수 있을까요? 대중매체와 중앙집중적 기관이 힘을 잃은 시대에 어떻게 하면 서로 다른 세대가 공감대를 형성하고 진실을 공유할 수 있을까요?

제가 생각하는 한 가지 답은 인간의 공통된 감정에 주목하는 겁니다. 남녀노소 누구나 비슷하게 느끼는 감정이 있습니다. 고대 중국의 철학자 맹자는 인간으로서 마땅히 가져야 하는 마음이 있다고 주장했습니다. 대표적인 것이 측은지심입니다. 무고한 존재가 고통에 처했을 때 나도 함께 고통스러워지는 마음이죠. 우물에 기어 들어가려는 아이를 보고 화들짝 놀라 얼른 구하려고 하는 마음이 바로 측은지심으로부터 나온 것입니다.

측은지심은 세대를 넘어서는 감정입니다. 아이도, 청년도, 노인도 고통받는 누군가를 보면 불편함을 느낍니다. 이 시대에 세대 간 소통은 바로 이런 공통의 감정으로부터 출발할 수 있습니다. 20대와 40대는 서로를 경멸하더라도, 우물에 기어 들어가려는 아이를 보면 똑같이 화들짝 놀랄 겁니다. 우리는 바로 이 마음에 주목해야 합니다. 나와 전혀 다른 가치관을 가진 것처럼 보이는 저 세대도 사실은 비슷한 상황에서 비슷한 감정을 느낄 때가 많습니다. 이 점을 곰곰이 곱씹을수록 상대는 도저히 이해할 수 없었던 존재에서 어딘가 친숙한 존재가 됩니다.

쿼카가 열어준 자리

특히 저는 요즘 귀여움에 주목합니다. 귀여움은 SNS 시대를 지배하는 감정입니다. 귀여운 동물이 나오는 짧은 영상이 전 국민의 스마트폰 화면을 채우고 있습니다. 제게는 요즘 특히 쿼카 영상이 많이 뜹니다. 호주에 사는 설치류인데, 웃는 표정으로 나뭇잎을 먹습니다. 참 귀여워서 인형으로도 많이 만들어집니다. 귀여움은 우리를 본능적으로 자극하며 즉각적인 즐거움을 줍니다.

귀여움도 세대를 초월하는 감정입니다. 작은 강아지를 보면 10살짜리 꼬마도, 80대 할아버지도 마음 깊은 곳에서부터 만족을 느낍니다. 저는 초등학교 3학년 때 개를 무척 키우고 싶었는데, 현실적인 사정 때문에 그러질 못했습니다.

어려서부터 친할머니와 함께 살았던 저는 할머니가 돌아가시기 몇 년 전, 강아지 한 마리 키워 볼 생각 없냐고 여쭤봤습니다. 그러자 할머니가 말하셨습니다. "싫어! 나는 개도 싫고 닭도 싫고 돼지도 싫고 다 싫어!" 하루도 빠지지 않고 KBS <동물의 왕국>을 챙겨 보시던 걸 고려하면 의외의 대답이었습니다.

그때 할머니가 그렇게까지 완강하셨던 이유는 사실 정말로 개가 싫어서가 아니라, 이별이 두려워서였습니다. 예전에 할아버지가 살아계실 때 양계장을 하셨었고, 작은 개도 키웠습니다. 그런데 결국 그곳에서 키우던 모든 동물과도, 할아버지와도 여러 가지 이유로 이별을 할 수밖에 없었죠. 그래서 할머니는 동물들에게는 처음부터 마음을 안 주는 게 답이라고 생각하셨습니다. 할머니도 동물에 대한 애착을 알고 계셨습니다. 다만 그런 애착을 자신의 삶에 들이기에는 여건이 녹록치 않다고 느끼셨을 뿐이죠. 어쩌면 할머니는 자신이 곧 떠날 것임을 느끼고 계셨는지도 모릅니다.

저는 나중에 대학생이 되어서는 외할머니댁에 살게 됐는데, 언젠가 비슷한 질문을 드렸습니다. 외할아버지를 여읜 후 몇 년을 혼자 계신 게 외로워 보여서, 고양이 한 마리 키우지 않겠냐고 여쭸습니다. 그러자 할머니는 답하셨습니다. "싫어! 정을 붙이면 안 돼!"

비슷한 감정선이었습니다. 외할머니도 귀여운 동물을 보면 미소를 지으셨습니다. 하지만 그런 만큼 그 존재와의 이별을 걱정하셨고, 아예 처음부터 연을 안 맺는 게 더 낫다고 생각하셨습니다.

저는 두 할머니의 비슷한 반응을 보고 생각하게 됐습니다. 귀여움은 한 사람의 경계를 허무는 체험이라는 걸요. 평상시 우리는 '한 사람'으로서 존재하기 위해 장벽을 세우며 살아갑니다. 경계를 정해놓고 그 안에 들어온 것만 '나'라고 인정하는 것이죠. 특히 철학자 에리히 프롬은 주장했습니다. 자본주의 사회에서 우리는 끊임없이 내 것과 남의 것을 나누고, 나의 소유물을 늘림으로써 자아의 안정감을 느끼길 추구한고요. 저는 이 주장에 동의합니다. 우리 사회에서 사람들은 소유물과 자신을 동일시합니다. 대학 간판, 명품, 비싼 자동차를 남에게 보여주며 그게 자신의 정체성이라고 느낍니다.

귀여움이 무너뜨리는 벽

그런데 귀여움은 바로 이러한 자아의 장벽을 순간적으로 무너뜨립니다. 귀여운 쿼카나 아이는 소유물을 통해 나를 평가하지 않습니다. 그 존재 앞에서 나는 내 것과 남의 것을 엄격하게 나눌 필요성을 느끼지 않습니다. 오히려 내가 가진 것을 나눠주고 싶어집니다. 귀여움의 체험 안에서 우리는 함께 공유하는 삶이 무엇인지를 배웁니다.

이게 우리가 귀여운 대상을 통해 큰 위로를 얻는 이유입니다. 평상시 내 것과 남의 것을 엄격히 나누는 삶의 태도는 알게 모르게 큰 심리적 부담이 되고 있습니다. 소유물이 줄어들면 어떡하나, 그렇게 내 자아가 빈약해지면 어떡하나 끝없이 두려워하며 애쓰는 삶은 정신을 피로하게 만듭니다. 그런데 귀여운 대상은 소유물로 나를 규정하지 않습니다. 그저 자신의 몫을 다하며 세상에 존재하고 있을 뿐입니다. 그런 대상과의 관계를 통해 우리는 평상시의 전전긍긍하던 태도를 내려놓고, 잠시나마 휴식을 느끼게 됩니다.

2020년대의 특징은 귀여운 것들이 세상을 지배하고 있다는 겁니다. SNS의 영상뿐만 아니라 거리의 매점에도 귀여운 제품들이 넘쳐납니다. 30대 어른도 가방에 귀여운 인형을 달고 다니는 게 유행인 세상입니다. 어쩌면 사람들이 이렇게나 귀여움에 열광하는 이유는 그만큼 지쳤기 때문일지도 모릅니다. 소유물로 자신을 증명해야 하는 삶이 무척이나 고달프게 느껴지는 것이죠. 그 와중에 귀여운 대상은 삶의 작은 위로와 휴식이 되고 있습니다.

이 귀여움을 통한 자아의 허물어짐의 체험은 모든 세대가 공감하며 사랑하는 것입니다. 서로가 이 공통된 체험의 가능성을 지닌 존재라는 점을 깊이 생각한다면, 서로의 세대를 조금은 이해해 볼 수 있는 마음의 공간이 생겨날 것입니다.

이기주의도 선(善)이다.

이기주의는 자신의 이익과 욕망을 최우선으로 두는 태도로 자신의 편의를 위해 타인에게 손해를 입히는 것을 당연하게 여겨 분열과 갈등을 초래하여 사회를 병들게 하는 도덕적 악(惡)으로 여겨진다. 그런데 이기주의가 도덕적 선이라고 주장한 철학자가 있다. 중국 전국 시대 사상가인 양주(楊朱)는 이기주의, 개인주의의 선구자였으며, 같은 시대에 함께 유행한 이타주의인 묵자(墨子)의 겸애설(兼愛說)과 대립하며 큰 인기를 얻었다고 한다.

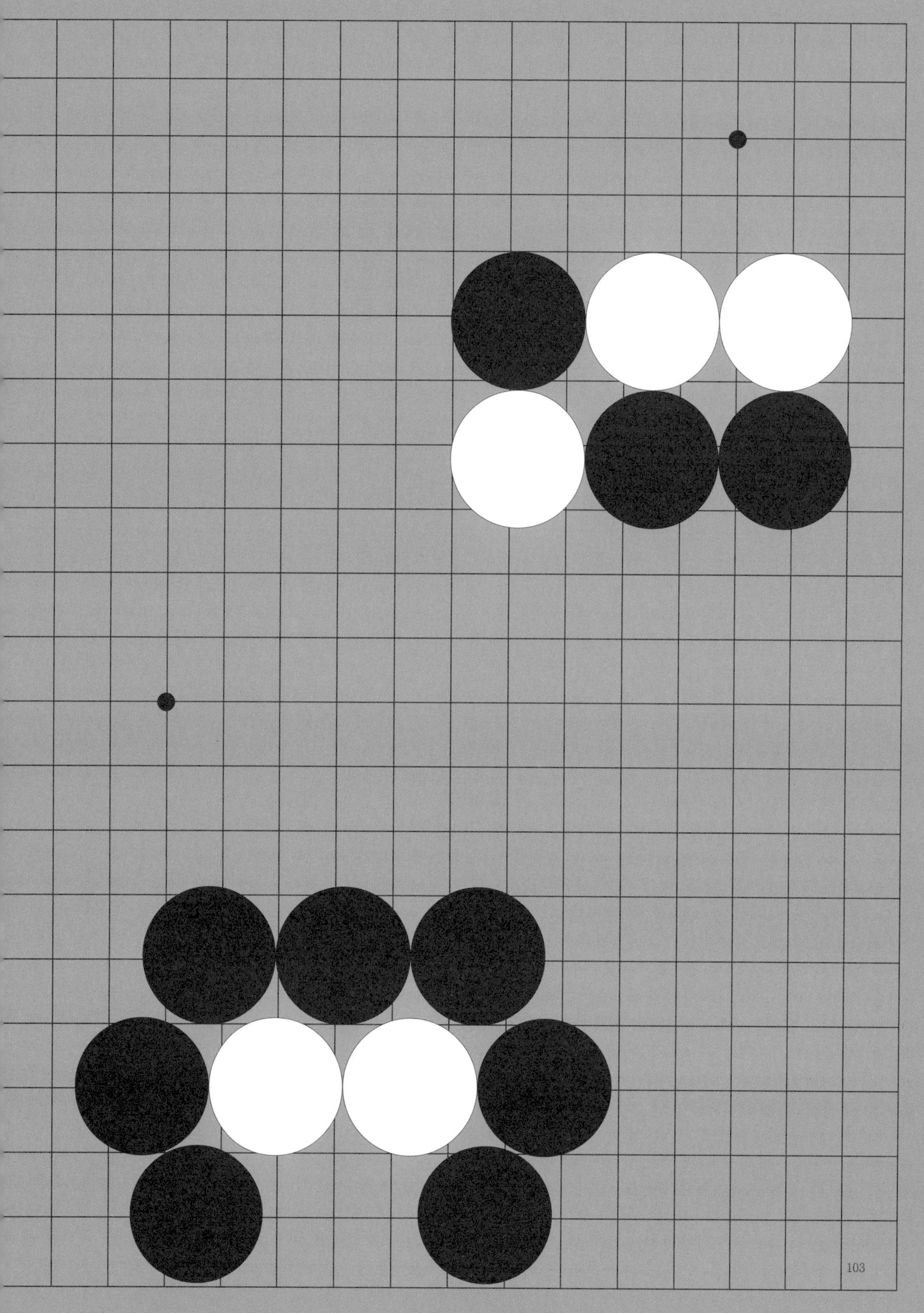

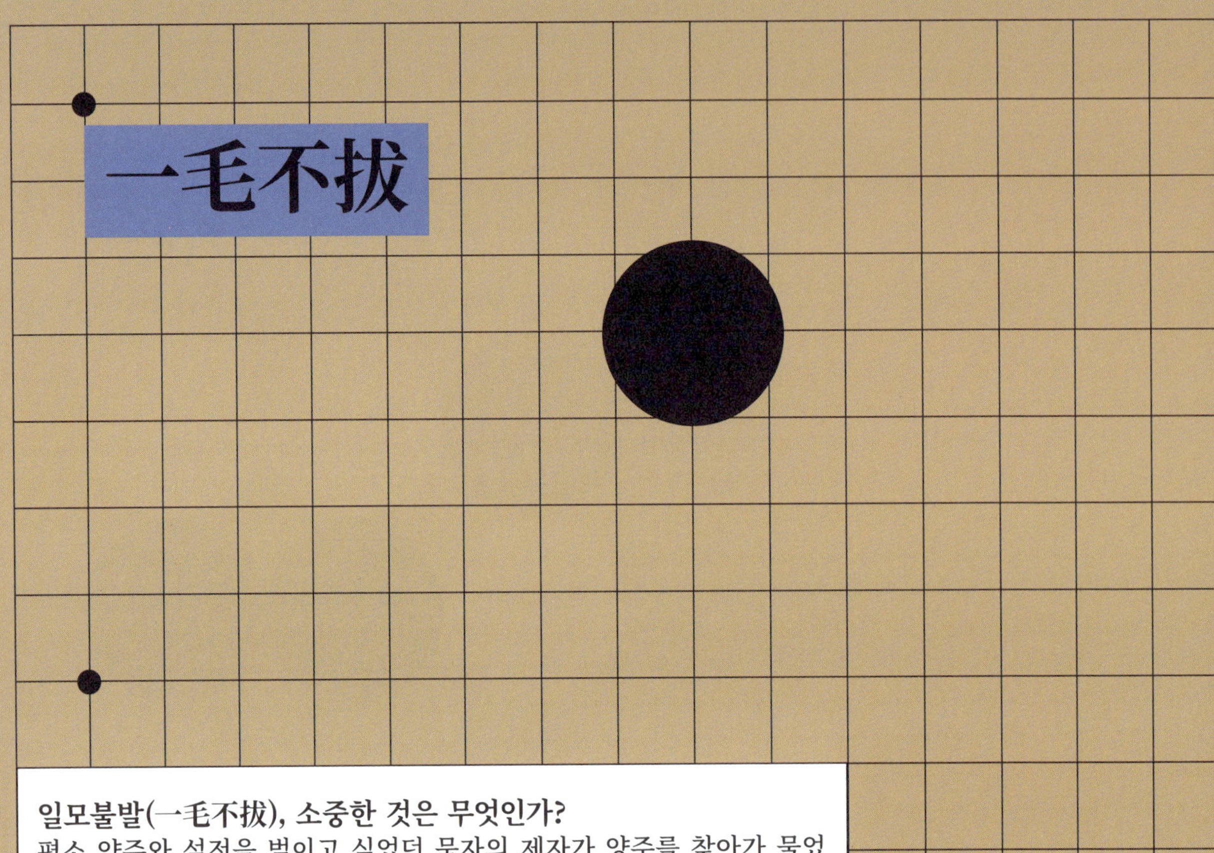

일모불발(一毛不拔), 소중한 것은 무엇인가?
평소 양주와 설전을 벌이고 싶었던 묵자의 제자가 양주를 찾아가 물었다.

"만약 선생님께서 다리의 털 한 올을 뽑으면 천하(세상)에 큰 이익이 생긴다면 하시겠습니까?"

 하지만 양주는 "어떻게 털 한 올로 천하를 이롭게 할 수 있겠는가?"라며 대답을 거절했다. 이어서 양주의 제자는 "털 한 올은 몸의 아주 작은 부분이지만 어찌 가볍게 여길 수 있겠습니까?"라고 주장했다. 이것이 바로 유명한 '털 한 올을 뽑아 세상에 이익이 된다고 해도 그렇게 하지 않을 것이다.'(拔一毛而利天下不爲也)라는 극단적인 이기주의라고 비난받은 에피소드이다. 하지만 양주의 이 말은 부국강병을 명분으로 국민에게 국가를 위한 희생을 강요하는 것을 비판한 것이다. 그리고 남(국가)을 위한 희생을 강요하는 것은 비인간적인 것이고, 국가의 이익은 개인과 국민의 희생으로 이루어져서는 안 된다는 묵직한 비유라고 할 수 있다. 양주의 사상은 천하를 이롭게 하기 위해 '장딴지의 솜털이 다 빠지고 정강이 털이 닳아 없어지도록'(腓無胈 脛無毛) 희생과 헌신을 주장한 묵자의 겸애(兼愛, 차별 없는 사랑)사상과 뚜렷하게 대비된다. 한편 묵자는 사회 질서를 위해 모든 사람이 하나의 기준을 따르도록 해야 한다는 상동(尙同)을 주장했는데, 이러한 사상은 후대에 개인의 다양성과 자유를 억압할 수 있는 권위주의적 질서로 해석되기도 한다는 점에서 양주의 비판은 의미가 있다.

경물중생(輕物重生), 소중한 삶이란 무엇인가?

"만물이 서로 다른 것은 삶이고, 같은 것은 죽음이다. 살아서는 현명함, 어리석음, 귀함, 천함이 있으니 다르다. 죽어서는 썩어서 냄새나고 끝내는 없어지니 같은 것이다."(萬物所異者生也, 所同者死也. 生則有賢愚貴賤, 是所異也 死則有臭腐消滅, 是所同也.)

　죽으면 다 똑같은데 열심히 사는 것이 무슨 의미인가라는 허무주의로 해석하기도 하지만, 이때의 다름은 가치 판단의 중요한 기준이며 도덕적 목표로 추구되는 차별성이다. '남들과 다르게 살아야 한다'라고 말할 때의 다름인 것이다. 그렇기에 '서로 다르게 만들어 가치 있게' 만드는 삶이 소중하다는 중생(重生)을 주장한다. 이때 생(生)은 생명을 의미하기도 하지만, 보다 중요한 것은 삶, 특히 인간의 삶이라고 볼 수 있다. 그러므로 현명한 이의 삶도 소중하고, 어리석은 사람의 삶도 소중하다. 귀한 사람의 삶, 천한 사람의 삶도 소중하다. 나아가 부유한 사람의 삶, 가난한 사람의 삶도 소중한 것이다.

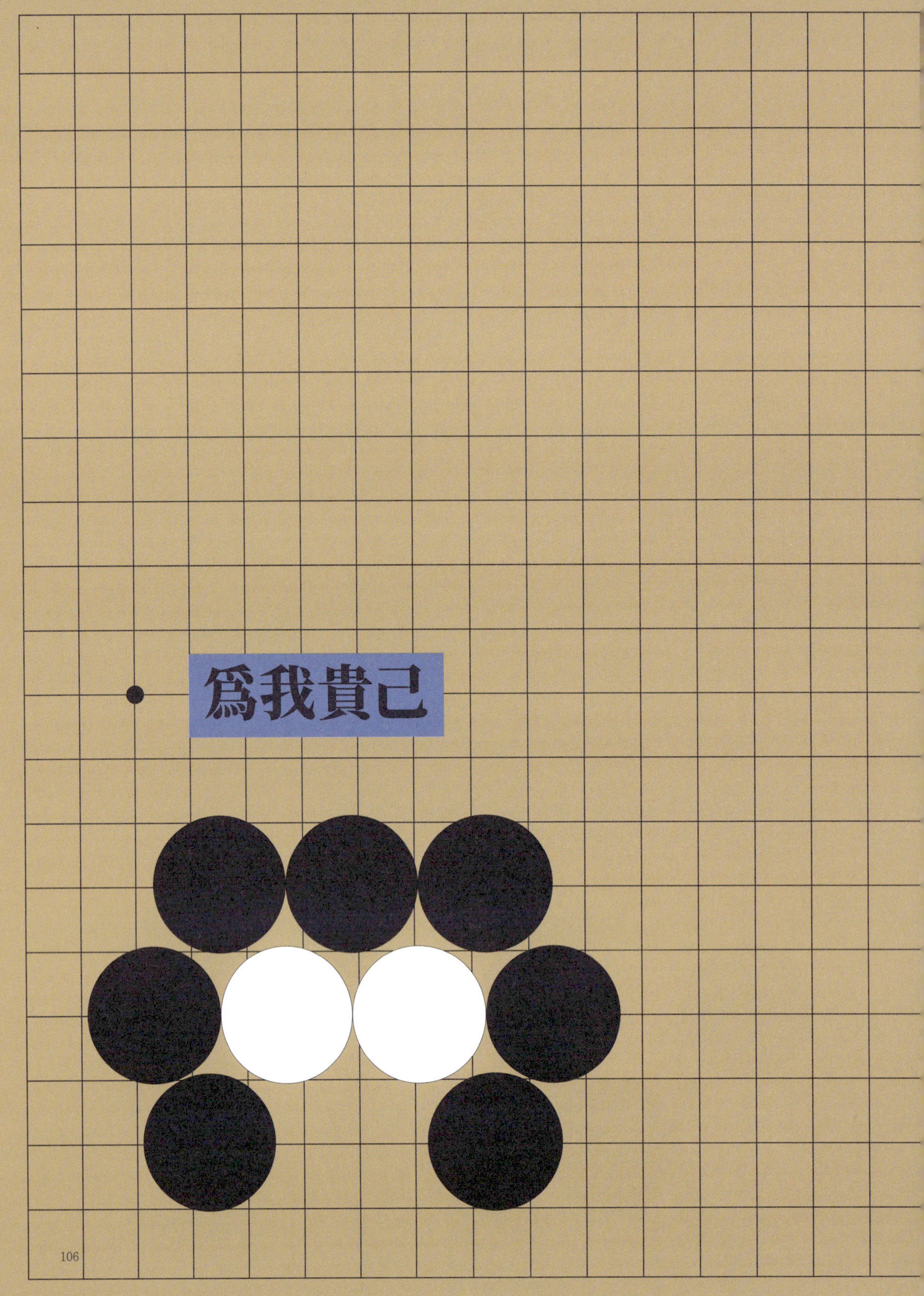

爲我貴己

위아귀기(爲我貴己), 소중한 나는 무엇인가?

양주는 "농부는 일을 하지 않고 가만히 앉혀 두기만 해도 죽을 수 있다 (田父可坐殺)"고 말한다. 농부에게는 새벽에 나가 밤에 돌아오는 노동의 리듬이 곧 자연스러운 삶이기 때문이다. 그래서 그는 거친 음식인 콩국을 마시고 콩잎을 먹으면서도 그것을 지극한 맛으로 여긴다. 이 비유가 보여주는 것은 가치 판단의 근거가 객관적 기준이 아니라 주체의 경험과 습관에 있다는 점이다. 사람은 각자가 살아온 방식에 따라 무엇이 좋은 삶인지 다르게 느낀다.

이러한 맥락에서 양주는 일을 하지 않고 편안히 앉아 맛있는 음식을 먹는 삶만이 고귀하고 가치 있는 삶이라고 여기는 통념을 비판한다. 그에게 중요한 것은 사회가 강요하는 규범이 아니라 스스로 판단하는 '나 (我, 己)'이다. 개인은 외부의 명령에 맹목적으로 복종하기보다 자신의 삶을 스스로 판단하고 선택할 수 있어야 한다.

박민관 (전 타우마제인 선임연구원)

복잡한 사회 속
시민의 자리

이병준
부산대학교 교수이자 문화인지연구소를 운영하고 있다.
인간 행위의 문화적 맥락에서의 학습 및 전유 과정에 대해 연구하고 있다.

문제의 지점

우리 사회에서 이른바 교육받았다는 사람들이 오로지 자신의 욕망에만 몰두해 살아가는 모습을 볼 때면, 우리는 어딘가 힘이 빠지는 느낌을 받는다. 굳이 그렇게까지 해야 할까? 사회를 조금이라도 더 이롭게 하려는 태도와 고민은 없는 것일까? 이런 허탈감은 결코 소수만의 경험은 아닐 것이다.

이러한 감정은 결국 '교육은 무의미하다'는 회의로 이어지기도 한다. 교육이 인간의 됨됨이를 기르는 과정이 아니라, 개인적 목표를 달성하기 위한 수단에 불과하다는 인식이 점점 확산되는 것이다. 실제로 한국 사회의 교육은 개인의 행복과 안위에 지나치게 초점을 맞추고 있는 듯 보인다. 교육이 인류 전체의 문제나 다음 세대를 함께 고민하는 일과 연결된다는 이야기는 좀처럼 듣기 어렵다.

우리는 사회가 조금씩 나아지고 있다고 믿고 싶고, 또 그렇게 되기를 바란다. 그러나 역사를 돌아보면 사회는 언제나 직선적으로 진보해온 것이 아니다. 오히려 이전의 야만으로 되돌아간 사례도 적지 않다. 다시 개선의 방향으로 돌아서는 데에는 긴 시간이 필요했다는 사실 역시 문명화의 과정을 통해 확인된다.

현대인들은 흔히 '복잡계'라고 불리는 삶의 공간을 살아가고 있다. 복잡계란 단순한 원인과 결과의 관계로 설명할 수 없는, 여러 상호의존적 요소들이 얽혀 있는 구조를 뜻한다. 청년 실업, 부동산 문제, 고령화, 저출산, 아토피와 같은 크고 작은 사회 문제들이 쉽게 해결되지 않는 이유도 여기에 있다. 각각의 문제는 단일한 원인에서 비롯되는 것이 아니라, 여러 요인이 복합적이고 융합적으로 작용한 결과이기 때문이다.

그럼에도 우리는 종종 자신이 복잡계의 세계에 살고 있다는 사실을 잊는다. 나와 내 가족만을 위한 선택이 사회 전체에 부정적인 영향을 미치고, 그 영향이 다시 나와 가족에게 되돌아올 수 있다는 연결고리를 충분히 고민하지 않는다. 사실 나와 가족을 위하는 일과 사회를 위하는 일은 완전히 분리된 것이 아니다. 예를 들어 노인들의 지하철 무임승차 제도를 둘러싼 논란을 보자. 일부에서는 불필요한 예산이 노인 이동권에 사용되고 있다고 비판한다. 그러나 다른 한편에서는 이 제도가 노인의 활동을 촉진해 건강을 유지하게 하고, 결과적으로 의료비와 건강 보험 재정 부담을 줄이는 효과를 낳는다고 본다. 복잡하게 얽힌 구조를 충분히 살피지 않은 채 한 측면만으로 정책을 판단하는 것은 위험할 수 있다.

사회가 점점 복잡해질수록, 경우의 수를 더 많이 계산해낼 수 있는 이른바 '배운 자들'과 지도층의 사익 추구 방식도 한층 교묘해지고 있다. 우리는 때로 충분히 숙고할 시간도 없이, 다양한 논점을 검토하지 못한 채 중요한 의사 결정이 내려지는 장면을 목격한다. 더 나아가 사회적 인정과 지위를 얻은 이들이 그것을 마치 당연한 전리품처럼 여기며 행동하는 모습을 볼 때면, 과연 공동선을 누구에게 기대할 수 있는지 묻게 된다.

물론 지금까지는 깨어 있는 시민들의 개인적, 그리고 때로는 집단적인 활동을 통해 권력을 견제하고 제도적 장치를 마련해왔다. 이러한 노력 속에서 공동선을 지향하는 제도들도 만들어져왔다. 그러나 빅데이터와 인공지능의 등장으로 '과학'이라는 이름을 두른 새로운 논리들이 힘을 얻으면서, 이런 견제 역시 이전만큼 쉽지 않아 보인다. 이럴수록 시민에게는 전체를 조망할 수 있는 통찰력이 더욱 요구된다. 인문적·철학적·문화적 깊이가 필요한 이유다. 이러한 성찰이 공론의 장에서 공유될 때에만, 새로운 과학이라는 이름으로 등장하는 편향된 논리에 균형 있게 대응할 수 있을 것이다.

근대 시민의 두 얼굴

이러한 문제의 지점에서, 지금을 살아가는 우리에게 한 가지 질문이 필요하다. 시민의 본모습, 조금 어렵게 말해 시민의 정체성은 무엇인가 하는 물음이다. 시민은 나라를 구하기도 하고, 동시에 나라를 위기로 몰아넣기도 한다. 우리는 시민의 집단지성을 신뢰할 수 있다고 말하면서도, 어떤 상황에서는 그 판단을 믿기 어려워하기도 한다.

물론 사회와 국가마다 역사적·문화적 맥락은 다르다. 그럼에도 불구하고 언제나 문제의 중심에는 시민이 놓여 있다. 시민은 국가 권력과 사회 이익집단에 순응하기도 하고, 때로는 개혁을 요구하며, 또 어떤 순간에는 저항의 방향으로 나아가기도 한다. 그렇다면 시민이란 과연 어떤 존재인가.

시민의 위치와 역할에 대한 철학적 탐구는 역사적으로 장자크 루소까지 거슬러 올라간다. 그는 『사회계약론』을 통해 근대 사회 구성의 제도적 틀에 철학적 토대를 제공했을 뿐 아니라, 언어의 기원, 정치경제 비판, 계몽주의 교육의 사상적 기반을 제시한 인물이다.

루소는 근대와 함께 '공동선'을 본격적인 사회적·철학적 의제로 끌어올린 사상가이기도 하다. 오늘날 한국에서도 루소는 대학 교육에서 중요한 사상가로 다뤄진다. 그러나 대중적 이미지 속의 루소는 종종 "자연으로 돌아가라"는 구호나, 가정을 떠난 방탕한 인물이라는 단편적 인상에 머무는 경우가 많다. 그럼에도 근대와 근대성, 그리고 근대 시민을 논할 때 가장 중요한 인물

을 꼽으라면 필자는 루소를 주저 없이 선택할 것이다.

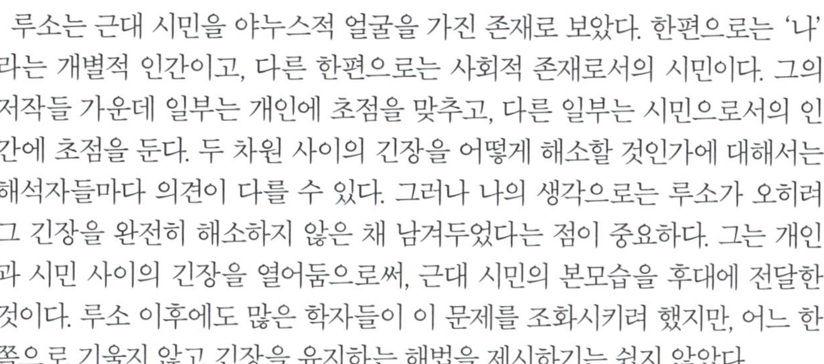

루소는 근대 시민을 야누스적 얼굴을 가진 존재로 보았다. 한편으로는 '나'라는 개별적 인간이고, 다른 한편으로는 사회적 존재로서의 시민이다. 그의 저작들 가운데 일부는 개인에 초점을 맞추고, 다른 일부는 시민으로서의 인간에 초점을 둔다. 두 차원 사이의 긴장을 어떻게 해소할 것인가에 대해서는 해석자들마다 의견이 다를 수 있다. 그러나 나의 생각으로는 루소가 오히려 그 긴장을 완전히 해소하지 않은 채 남겨두었다는 점이 중요하다. 그는 개인과 시민 사이의 긴장을 열어둠으로써, 근대 시민의 본모습을 후대에 전달한 것이다. 루소 이후에도 많은 학자들이 이 문제를 조화시키려 했지만, 어느 한 쪽으로 기울지 않고 긴장을 유지하는 해법을 제시하기는 쉽지 않았다.

하나의 제안 : 나와 우리의 균형감

공공의 가치와 공동선을 강조하면, 개인의 자유를 중시하는 이들이 거리를 둘 가능성은 충분히 예상할 수 있다. 그러나 루소의 관점에서 보면 개인과 시민은 서로 대립하는 존재가 아니라 동전의 양면과 같다. 동양철학적으로 말하자면 음양처럼 하나의 본질이 드러나는 두 가지 양상에 가깝다. 이제 우리는 어느 한쪽만을 강조할 것이 아니라, 인간 개인과 시민, '나'와 '우리' 사이의 균형을 이야기해야 할 때다. 문제는 구체적인 사회적 맥락 속에서 그 균형추가 어디로 기울어 있는지를 살피는 일이다. 개인에 더 무게를 두어야 할 상황인지, 시민적 책임과 공공성을 더 강조해야 할 상황인지를 판단해야 한다. 한국 사회는 경제성장 과정에서 '나와 내 가족'을 중심으로 한 생존 문화가 강하게 자리 잡아왔다. 이 과정에서 개인과 가족의 안위를 중시하는 문화가 형성되었고, 동시에 사회·문화적 여유와 부가 축적되어 온 것도 사실이다. 한편 코로나 팬데믹을 거치면서 우리 사회는 더욱 소규모화되는 경향을 보이고 있다. 이를 게오르그 짐멜의 영향을 받은 미셸 마페졸리가 『부족의 시대』에서 말한 새로운 '부족성'의 현상으로 설명할 수 있다. 이런 소규모 공동체는 시민들이 공공의 가치를 실천하기에 적합한 공간이 되기도 한다. 그러나 동시에 새로운 형태의 부족 이기주의에 빠져 더 넓은 차원의 공공성에 이르지 못할 위험도 안고 있다.

이럴 때 하버마스가 말한 '공론장'의 가치는 여전히 유효하다. 하버마스가 말한 공론장은 완성된 현실이 아니라, '가능성의 조건'을 가리킨다. 시민들은 자신이 참여하는 토론과 소통의 공간이 제대로 작동하고 있는지를 이 개념에 비추어 점검할 수 있다. 공론장은 지배와 권력에 의해 일방적으로 운영되는 담론이 아니라, 열린 대화가 이루어지는 장이어야 한다는 점에서 중요한 기준이 된다.

이를 위해 학습동아리, 학습공동체 활동에서 구성원들 간에 민주적으로 의사소통히고 의시결정하는 것들을 배우는 것이 중요하다. 이를 토대로 공론장의 작동의 제대로 이루어진 것을 확인할 수 있다. 이러한 동아리와 공동체 활동은 ‘나’라는 개인적 공간과 ‘우리’라는 시민적 공간이 함께 공존할 수 있는 이상적인 장이 될 수 있다. 이처럼 개인성과 시민성이 조화롭게 만나는 공간은 공론장 속에서 더욱 확장될 필요가 있다. 이러한 맥락에서 노버트 엘리아스는 아마 ‘나와 우리의 균형(Ich-Wir Balance)’이라는 표현을 사용했을 것이다.

교실에서
만들어가는 공동선

박상욱
울산고운고등학교 교사이며 한국철학적탐구공동체연구회 회장을 맡고 있다.

대안교육의 꿈, 어린이철학의 시작

2023년 미국에서 방문학자 과정을 마친 후 운명처럼 공립 대안중학교로 오게 되었다. 오랫동안 연구하며 실천해 온 '어린이철학'을 온전히 구현해 내고 싶다는 욕망 때문이었다. 수치화된 평가와 입시, 경쟁을 넘어 대화와 토론에 집중하며 삶의 의미를 탐구해 나가는 교실을 꿈꿨다. 기존의 체계, 규범, 기준, 경계를 넘어 새로운 교육을 위해 시작된 대안교육이라면 가능할 거라는 희망이 있었다. 물론 그 희망은 지금도 유효하다.

어린이철학은 미국의 교육학자인 매튜 립맨과 앤 샤프로부터 시작된 페다고지(Pedagogy)이자 교육 운동이다. 철학적 탐구를 통해 사고력을 길러주고 삶의 의미를 발견해 나가는 과정을 강조한다. 어린이철학의 수업 방법론인 철학적 탐구공동체는 나와 우리의 경계, 그 어딘가에서 의미를 구성하고 탐구해 나간다. 어린이철학 속에서 의미와 가치란 나와 타인, 나와 우리의 만남과 대화를 통해 상호구성하고 창조해 나가는 것이다. 그런 의미에서 자기 삶의 주체가 된다는 것은 고립된 나를 의미하는 것도 아니고 공동체에 매몰된 나를 의미하는 것도 아니다.

자유냐, 규칙이냐

어린이철학의 관점에 따라 우리 학교는 고립된 '나'가 아니라 관계 속에서 타인과 함께 살아가는 '관계적 나'를 강조한다. 하지만 유토피아는 존재하지 않기에 의미가 있다고 했던가! 곧 학교 내에서 다양한 문제들이 표면 위로 드러나기 시작했다. 우리 학교는 100% 기숙형으로 운영된다. 아이들은 기숙사에서 생활하기에 아침에 일어나면 아침 프로그램에 의무적으로 참여해야 했다. 아침 교육 프로그램은 요가였다. 학교설립 초기에 학생들의 건강을 위해 다 같이 합의한 프로그램이었다. 그런데 문제는 2-3명의 학생들이 늦잠 때문에 참여를 하지 않기 시작한 것이다. 참여를 하더라도 적극적으로 하지 않았다. 이를 본 다른 아이들이 공식적으로 문제를 제기했다. 잠이 와도 힘들게 일어나서 참여하는 많은 학생들이 피해를 보고 있다고 주장했다. 반면 요가 프로그램에 참여하지 않은 학생도 반론을 제기했다. 어렸을 때부터 아침잠이 많아서 일반 학교에서도 적응이 힘들었다는 것이다. 그래서 대안학교로 온 것인데, 여기서도 개인의 자유와 고유성을 존중해 주지 않는 것은 잘못된 것이 아니냐고 반문했다. 서로 감정의 골은 깊어져 갔고, 교내의 분위기도 나빠지기 시작했다. 처음에는 학생회 차원에서 아이들이 스스로 해결하기를 바랐다.

하지만 곧 교사의 개입이 필요한 상황까지 오게 되었다. 그렇다고 해서 강제로 아이들에게 어떤 규칙이나 기준을 강요하기는 싫었다. 나는 아이들에게 철학적 탐구공동체를 제안했다. 특정한 절차에 얽매이지 않고 둥글게 모여 앉아서 토론을 시작했다.(이 글에 등장하는 아이들의 이름은 모두 가명이다.)

수경: 전 잠이 원래 너무 많아요. 모든 학생들에게 똑같이 규칙을 적용하는 것은 문제가 있다고 생각해요. 애들마다 사정이 있을 수도 있잖아요. 다수의 의견에 무조건 따라야 하는 것도 아니잖아요.

진영: 개개인의 사정을 다 봐주면 열심히 참여하는 아이들은 뭐예요? 우리 학교는 공동체를 강조한다고 하셨잖아요. 각자의 사정은 좀 참아야죠.

나은: 규칙을 무조건 지키라고 강요하는 것도 문제는 있어요. 전 그 규칙을 바꾸자고 건의하는 거예요. 그냥 자유롭게 참여하면 안 될까요?

예성: 전 반대예요. 개인의 사정 때문에 학교 전체의 규칙을 바꿀 수는 없어요.

우리는 왜 함께 살아야 할까

생각보다 토론 과정에서 서로 간의 감정이 격해졌다. 아이들의 언어는 민주주의의 미묘한 경계선을 잘 보여주고 있었다. 한쪽은 공동체의 권위와 규칙보다는 개인의 자유와 권리를 우선시하는 것 같았다. 반면 다른 한쪽은 공동체의 가치를 강조했다. 과연 공동체란 무엇인가? 그것은 단순히 사람들이 모여있는 집단과는 다르다. 공동체는 구성원들이 함께 지향하는 공동선이 전제되어 있어야 한다. 공동선은 다양하게 정의될 수 있겠지만, 일반적으로 구성원들 각자의 삶을 잘 살아갈 수 있도록 보장하는 공동체의 조건이나 가치, 지향점이라고 볼 수 있다. 그동안 공동체를 강조하면서도 우리 학교의 공동선이 무엇인지에 대해서는 논의가 부족했던 것이다. 이 부분에 대한 탐구가 필요하다고 생각했다. 토론은 다음 날로 이어졌다. 아침잠이 많아 요가에 참여하지 못했던 아이는 눈물을 흘리기 시작했다. 그동안 자신도 힘들었다는 표현이었다.

예은: 운다고 끝날 문제가 아니잖아요. 그러면 앞으로 참여하기 싫으면 참여 안 해도 되는 거예요? 그럼 저희도 참여 안 할래요. 자고 싶은 것은 누구나 다 똑같아요.

교사: 그렇게 모든 아이들이 자기 마음대로 참여 여부를 결정하면 학교가 잘 운영이 될까?

진영: 당연히 아니겠죠. 수업도 참여하기 싫으면 안 해도 되는 거니까요.

교사: 학교는 교육을 위한 기관이고, 다 같이 지켜야 할 규범이나 가치도 있다고 생각해. 하지만 모든 아이들에게 무조건 강요하는 것도 좋은 문제 해결은 아닌 것 같은데?

예성: 맞아요. 그리고 개인의 권리만 주장해서도 안 된다고 생각해요. 나은: 어차피 우리는 다 달라요. 대안학교는 이러한 다양성을 존중해 주는 곳이잖아요. 재은: 다양하지만, 그 속에서도 어떤 공통된 지향점이 있어야 할 것 같아요. 그렇지 않으면 우리가 여기 모여있을 이유가 없어요.

이 토론은 며칠 동안 이어졌다. 아이들의 입장은 꽤 오랫동안 평행선을 이루었다. 누구도 쉽게 양보하려 하지 않았다. 하지만 그럴수록 나는 조급해지지 않으려고 노력했다. 아리스토텔레스는 『니코마코스 윤리학』에서 정치의 목적은 공동선이라고 말했다. 그것은 단순히 개인들의 욕구의 집합체가 아니다. 공동체의 번영과 개인의 행복을 위해 구성원들이 추구하고 실현해야 하는 최고의 목적을 의미했다. 공동선은 누군가가 위에서 내려줄 수 있는 것이 아니다. 우리는 학교에서 개개인의 행복과 공동체의 평화가 함께 공존할 수 있는 그 무언가를 찾아야 했다. 아이들과 함께 하는 철학적 탐구공동체는 그 무언가를 찾기 위한 여정이었다.

함께 답을 만들어가는 시간

학교는 무수한 고유성과 이질성의 집합체이다. 특히 대안학교는 우울, 성적, 가정환경, 성격, 기질과 성향이 남다른 아이들이 많이 모여있다. 민주주의를 지향하는 학교에서 이들은 동일체가 아니라 '다중'이다. 정치철학자 네그리와 하트는 저서 『다중』에서 통일되어 있지 않으면 복수적이고 다양한 상태로서의 다중을 논의한다. 민주주의 사회에서 이들은 대화와 토론을 통해 공통적인 삶의 조건들을 생산한다. 이질적인 이들이 보여주는 연대의 힘은 국가의 권력에 대항하는 힘이기도 하다. 민주주의는 이러한 힘들 사이의 미묘한 긴장과 균형을 통해 유지되는 것이다. 나는 아이들 역시 대중이 아니라 다중이 되기를 바랐다. 그래서 이 문제에 대해 아이들은 지속적으로 교사가 어떠한 대안을 주기를 요구했지만, 나는 거절했다. 시간이 걸리더라도 함께 풀어나가고 싶었다. 토론은 며칠 동안 밤 늦게까지 진행되었다.

예성: 도저히 아침잠 때문에 못 일어나는 아이들에게 시간을 좀 더 주는 것은 어떨까? 물론 참여는 하는 것으로 해야 돼.

준서: 그렇다고 아침잠을 줄어드는 것은 아니지 않나? 근데 왜 못 일어나는

거야?

수경: 난 밤에 잠을 잘 자지 못해. 습관처럼 말이야. 내 마음대로 되는 게 아니야.

유진: 하아~ 진짜 어렵다. 그런데 찾아보니 불면증이라는 게 진짜 무섭긴 하더라.

경준: 그럼 일단 상담을 받는 것으로 하고, 다른 대안을 찾을 때까지는 시간을 좀 더 주자. 교사: 그럼 너희들도 노력할 수 있겠니?

나은: 학교 교육 프로그램에 대해 성실히 참여해야 한다는 것은 알고 있어요. 저도 부모님과 이야기해서 다른 방법을 찾아볼게요.

아이들은 아침에 잘 일어나지 못하는 이유가 있을 거라 생각하고 이에 대해 함께 방법을 찾아보기로 했다. 물론 그렇다고 갑자기 학교에 평화가 도래하지는 않았다. 여전히 아침에 일어나는 것을 힘들어했고, 다른 아이들은 이를 잘 받아들이지 못했다. 아마 시간이 흘러도 개선되지 않는다면 아이들은 또 문제를 제기할 것이다. 그러면 다시 탐구공동체 토론은 진행될 것이다. 학교는 그렇게 개인의 권리, 자유, 행복과 공동체의 의무, 가치, 규범 간의 미묘한 경계를 넘나들며 그 긴장 관계 속에서 민주주의를 경험하고 가르칠 것이다. 나는 우리 학교의 공동선은 그렇게 생성되고 창조되어야 한다고 생각한다.

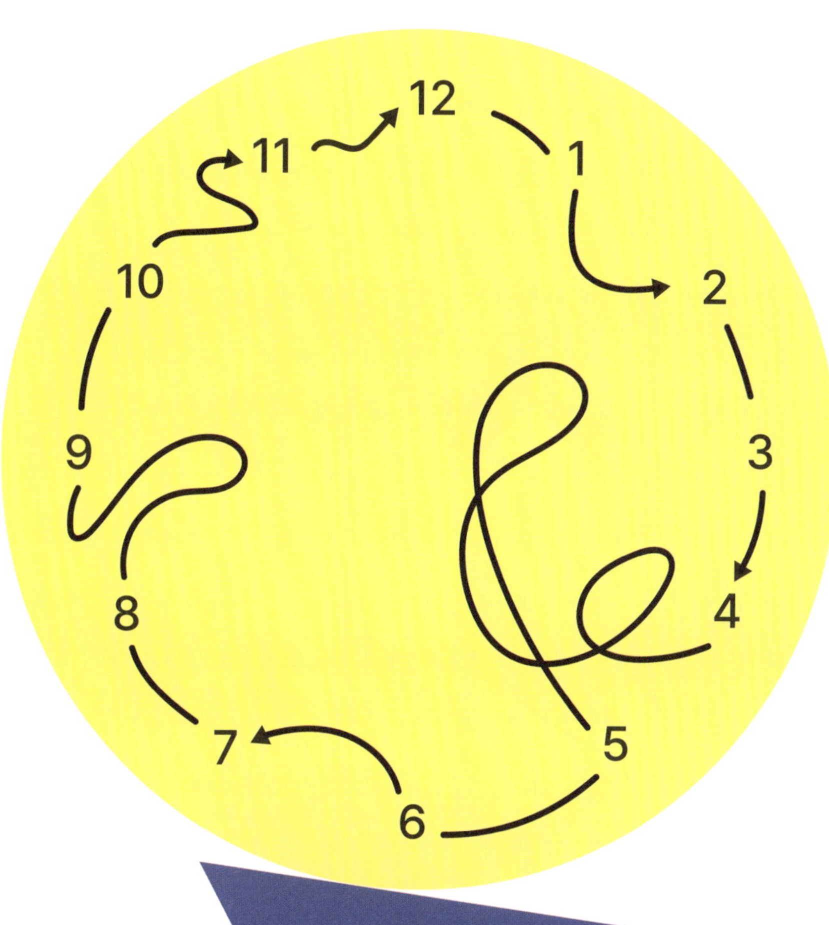

공통의 사용, 분리된 세계를 잇는 돌봄의 힘

소보겸

문화인류학 연구자.
'좋은 삶'을 상상하고 실현하는 데 필요한 관계적 조건에 관심을 두고 글을 써 왔다.

우리는 흔히 공동선을 모든 구성원의 이익을 합산한 최적의 결과값이나, 국가가 설계한 공공서비스의 혜택 정도로 이해하곤 한다. 특히 인공지능이 우리의 욕망을 데이터로 읽어내는 오늘날, 공동선은 마치 고도로 설계된 알고리즘이 도출하는 '계산된 정답'처럼 여겨진다. 그러나 시스템이 매끄러워질수록 역설적으로 우리가 발 딛고 선 공동체의 감각은 희미해진다. 각자의 취향과 편의라는 요새 안에 고립된 이들에게 타자의 고통이나 공통의 책임은 효율성을 떨어뜨리는 '잡음'으로 취급받기 때문이다. 지금 우리에게 필요한 공동선은 추상적인 설계도를 그리는 일이 아니다. 오히려 자본과 기술이 낱낱이 쪼개놓은 우리의 삶을 어떻게 다시 '공통의 영역'으로 되돌릴 것인가에 대한 실천적 물음이어야 한다. 그것은 시스템이 포착하지 못하는 보이지 않는 곳에서 세계를 지탱해온 돌봄의 역능을 복원하는 일에서 시작된다. 파편화된 개인들이 서로의 불완전함을 견디며 어떻게 다시 공통의 세계를 지어갈 수 있을지, 그 가능성을 탐구해보고자 한다.

분리된 세계: 자본과 기술이 설계한 '사용 불능'의 시대

철학자 조르조 아감벤은 『세속화 예찬』에서 어떤 대상을 일상적인 쓰임으로부터 떼어내 신적인 영역이나 특수한 지위로 옮기는 행위를 '분리'라고 불렀다. 본래 손대고 만질 수 있었던 사물이 '신성함'이라는 담장 너머로 분리되는 순간, 그것은 오직 경배와 구경의 대상이 될 뿐 누구도 함부로 쓸 수 없는 상태가 된다. 과거에 그 역할을 종교적 의례가 했다면, 오늘날 이 분리의 의례를 수행하는 것은 자본과 기술의 견고한 결합이다. 자본주의라는 거대한 제의는 우리가 함께 누려야 할 공통의 자원들을 삶의 현장에서 격리하여, 오직 이윤 축적을 목적으로 하는 '상품'이나 '소유'라는 특수한 지위에 고정시켜버린다.

이러한 사물의 분리는 필연적으로 삶의 분리로 이어진다. 한때 이웃과 물건을 나누고 공간을 함께 가꾸며 관계 맺던 풍성한 활동들은 사라지고, 모든 행위가 비용과 계약이라는 협소한 틀로 줄어들면서 우리의 일상은 일터와 가정, 생산과 돌봄이라는 파편화된 구역으로 유폐된다. 우리는 이제 세계를 진정으로 만지고 누리는 '사용'의 감각을 잃어버린 채, 시스템이 진열해 놓은 선택지를 수동적으로 소비하는 주체로 전락하고 만다.

'사용 불능'의 상태는 자동화된 기술 체계 속에서 극대화된다. 플랫폼 자본주의는 우리가 일상에서 느끼는 미세한 감정적 에너지, 즉 정동을 데이터 조각으로 분해하여 자산화한다. 인공지능은 우리의 정서 흐름을 포착하여 수

익 구조로 편입시킨다. 이 과정에서 타인과 부대끼며 감각을 나누던 우리의 '구체적인 신체'는 화면 뒤로 사라지고, 오직 시스템이 던져주는 자극에 반응하는 '단절된 두뇌'만 남게 된다. 기술이 사람과 사람 사이의 신체적 마주침을 알고리즘의 필터로 대체하면서, 우리는 나만의 선호가 세계의 전부라고 믿는 폐쇄적인 성벽 안에 갇힌 채 함께 발 딛고 서 있던 공통의 지평을 상실한다.

결국 자본은 자신을 지탱하는 바탕인 자연과 돌봄을 끝없이 잡아먹으며 몸집을 불리는 '식인 자본주의'의 형태를 띤다. 공동선이 거론되어야 할 자리에 효율적인 데이터 관리 체계가 들어서면서, 우리가 서로의 신체적 존재감을 느끼고 삶에 깊숙이 연루될 기회는 점점 지워진다. 아이를 키우고, 아픈 이를 보살피는 행위들조차 '효율성'이라는 잣대에 의해 외주화되거나 사적인 영역으로 숨어버린다. 여기서 세계를 진정으로 '사용'한다는 것은 시스템이 정해준 용도에 따라 수동적으로 소비하는 것이 아니라, 타인과 신체적으로 접촉하고 협력하며 삶의 방식을 스스로 만들어가는 주체적인 역량을 의미한다. 이러한 사용의 감각을 상실할 때, 우리는 시스템이 설계한 매끄러운 편리함 속에서 가장 깊은 방식의 '무능'을 경험하게 된다.

돌봄의 역능: 실패의 공백에서 피어나는 공공성

돌봄의 역능은 타자의 존재에 응답하기 위해 기꺼이 자신의 자리를 내어주고, 서로에게 빚질수밖에 없는 조건을 받아들이는 사회적 힘이다. 이것은 결코 낭만화된 유대가 아니다. 오히려 불평등한 현실 속에서도 서로 부딪히고 갈등하며, 그 다름이 빚어내는 긴장을 끝내 견뎌내는 끈기에 가깝다. 자본과 기술이 효율성을 위해 삶의 영역들을 낱낱이 분리해 놓았다면, 돌봄은 그 분리된 틈을 비집고 들어가 다시 관계를 잇는 실천이다. 이는 알고리즘이 계산할 수 없는 삶의 영역, 즉 위기 앞에서 서로의 손을 잡고 새로운 삶의 방식을 만들어내는 집단적인 힘을 의미한다.

이러한 힘은 제도가 매끄럽게 설계된 대로 작동할 때가 아니라, 오히려 그 설계가 실패하여 틈새가 벌어지는 지점에서 선명하게 드러난다. 가난과 빈곤에 개입하는 행정적 절차들을 보라. 기초생활수급제도는 인간의 삶을 수치로 지표화해 '생존 여부'만을 확인하고 관리한다. 여기서 인간의 실존은 데이터로 환원되며, 수치가 포착하지 못하는 구체적인 삶의 온기는 공백으로 남겨진다. 무연고 장례 현장에서 망자의 시신이 추모의 의례 없이 기계적으로 처리되는 행위는, 국가의 효율적 관리가 어떻게 인간을 단지 치워야 할 행정 대상으로 전락시키는지 적나라하게 보여준다. 기술적 최적화는 우리에게 편리한 접속을 제공하지만, 이처럼 삶과 죽음이 맞닿은 절박한 공백까지 채워주지는 못한다.

　돌봄의 진정한 역능은 바로 이 공백을 메우기 위해 비집고 들어오는 '지난한 끼어듦' 속에서 발견된다. 제도의 구멍을 채우는 것은 관료적 매뉴얼이 아니라, 누군가의 죽음을 사람답게 애도하기 위해 절차상의 규약에 질문을 던지는 구체적인 사람들의 목소리다. 가령 동자동 쪽방촌에서 스스로의 생존조차 위태로운 주민들이 서로의 임종을 지키고 '죽음 이후의 책임'을 끝까지 함께 짊어지는 모습은, 행정적 매뉴얼의 경직성이 놓쳐버린 삶의 존엄을 지켜낸다. 이것은 데이터로 연결된 가상 세계의 매끄러움과는 정반대되는, 투박한 손길로 서로의 곁을 지키는 구체적인 몸들의 연대다.

　이러한 실천이 일상의 규칙으로 자리 잡을 때, 그곳은 원자화된 개인들의 집합을 넘어 상호 돌봄과 관계가 흐르는 '공통의 장', 즉 우리가 함께 책임지는 공공의 영역이 된다. 이질적인 존재들이 서로의 곁을 내어주며 공통의 기반을 넓혀가듯, 공동선은 고정된 경계선을 흔드는 미세한 실천들을 통해 비로소 그 지평을 넓힌다. 이러한 역능은 폭력적인 책임 전가를 넘어, 서로의 존재를 귀하게 여기는 '동시간적 선물'로서의 관계를 가능하게 한다.

다시, 공통의 사용을 위하여: 자율적 형식을 발명하는 실천

그렇다면 삶의 모든 순간이 데이터로 치환되고, 개인이 파편화된 정보로만 존재하는 오늘날 우리는 어떻게 공통의 지평을 다시 열 수 있을까? 아감벤은 분리의 형식을 강제로 없애려 하기 보다, "분리를 새로운 사용에 집어넣는 것, 즉 분리를 가지고 노는" 법을 배워야 한다고 말한다. 이는 기술이 정해준 용도나 외부의 보상에 따라 기계적으로 움직이는 것을 거부하고, 우리를 둘러싼 무수한 관계의 얽힘 속에서 자신만의 균형을 유지하려는 주체적인 시도다. 자본과 기술이라는 새로운 신성에 포획되어 '사용 불능'이 된 것들을 다시 우리의 공통된 일상으로 되돌려 놓는 것, 이것이 바로 아감벤이 말한 분리된 세계를 탈환하는 '세속화'의 본질이다.

　매끄럽게 관리되는 시스템은 우리에게 생활의 편리를 안겨주지만, 한편으로는 외부 환경과 나의 몸이 부딪칠 때 생겨나는 '불편한 감각'들을 지워버린다. 그러나 진정한 공동선은 이 불편함과 불일치를 예민하게 감각하는 데서 시작된다. 알고리즘이 비춰주는 나의 선호가 세계의 전부라고 믿게 만드는 견고한 자아의 성벽을 허물고, 낯선 존재들이 건네는 예상치 못한 목소리를 마주해야 한다. 이는 시스템의 지시에 수동적으로 반응하는 자동 작용에서 벗어나, 내가 처한 조건 속에서 타자와 접속하고 새로운 의미를 생성하는 '자율적 형식'을 발명하는 일이다.

　우리는 직접적이고 구체적으로 자신의 생활세계와 관계 맺고 있는가? 공동선을 회복하기 위해 필요한 것은 공허하고 추상적인 미래의 약속이 아니라,

지금 여기의 시공간에서 구체적인 삶의 경험을 확장할 수 있는 '다른 이야기'
들이다. 삶을 지탱하던 영역들이 텅 비어버리고 죽음마저 행정에 맡겨지는
무관심 속에서, 우리는 다시금 서로에게 빚질 수밖에 없는 조건이 공유되는
'상호의존성의 장'으로 돌아가야 한다.

　결국 공동선은 '우리가 연결되어 있다'는 순진하고도 절박한 믿음 위에서만
작동한다. 분할된 영역들을 이으며 새로운 사용법을 발명하는 미세한 투쟁
들, 그리고 타자의 존재에 응답하기 위해 자신의 자리를 기꺼이 내어주는 돌
봄의 역능이 집단적인 실천으로 나아갈 때, 우리는 이윤만을 쫓는 거대한 시
스템의 포획으로부터 벗어나 삶의 주권을 회복할 수 있다. 공동선은 미리 정
해진 결과값이 아니다. 그것은 우리가 서로의 불완전함을 견디며 끊임없이
세계를 '재-사용'해나가는 과정 그 자체다.

접속이
곧 존재가 되는 시대

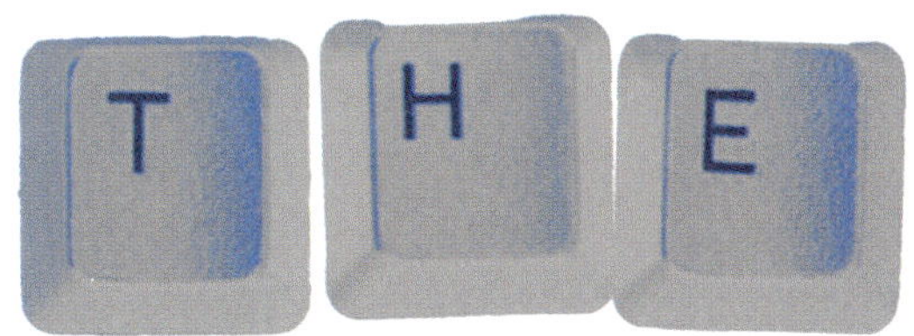

정무

『가난 치료사』로 2024년 밀리로드 우수상, 제1회 연세국제백일장 최우수상을 수상했다.
전산·보안 실무 경험을 바탕으로 기술이 일상과 관계를 흔드는 순간을 관심 있게 바라본다.

발언은 전송되지만, 도착은 허가된다

말은 남는다. 다만 연결되지 않으면 존재하지 않는다. 소셜 미디어와 플랫폼은 매초 수만 건의 트래픽을 쏟아낸다. 누구나 말할 수 있기에 민주적이라고 쉽게 믿게 되지만, 전산의 관점에서 '전송'은 '도착'과 동일하지 않다. 데이터는 출발지를 떠나지만, 목적지에 도달하는 것은 전혀 다른 위상의 문제다.

정보의 최소 단위인 패킷은 전송 경로의 중간에서 언제든 손실될 수 있다. 네트워크가 혼잡해지거나 라우터의 처리 용량이 한계를 넘어서면, 시스템은 일부 패킷을 버리게 되는데 이를 '패킷 드랍(Packet Drop)'이라고 한다. 이는 기술적으로는 불가피한 현상이지만, 이 개념을 사회적 영역으로 옮겨 생각하는 순간 하나의 치명적인 질문이 등장한다. "누가, 어떤 패킷을 먼저 버릴지 결정하는가?" 그 우선순위를 정할 수 있는 권한, 바로 그것이 현대 사회에서 하나의 권력으로 작동한다.

과거의 검열이 트래픽의 발생 자체를 봉쇄했다면, 오늘날의 플랫폼 권력은 입은 열어두되 '연결'의 경로를 끊어낸다. 게시물은 존재하지만 검색되지 않고, 알고리즘의 위상학 속에서 소거되면서 사회적 발언은 그 효력을 잃는다. 닉 스르니첵이 간파했듯, 플랫폼은 단순한 중개자가 아니라 연결의 조건을 설계하고 독점하는 행위자다. 이제 권력의 핵심은 발화를 허가하는 데 있는 것이 아니라, 누구의 말이 타자의 세계에 도달해 '참조 가능한 상태'로 남을 것인지를 결정하는 데 있다. 이는 침묵을 강요받던 시대에서, 외침조차 고립되는 시대로의 이행이다.

우리는 하루 종일 '로그(log)'를 남긴다. 클릭과 이동, 관계와 취향까지 시스템은 우리의 행적을 초 단위로 기록한다. 기록의 양은 압도적이지만, 여기서 중요한 것은 소유권이 아니라 가용성이다. 시스템 용어로서 가용성은 단순히 데이터가 존재하는지를 뜻하지 않는다. 필요할 때 실제로 접근해 사용할 수 있는 상태, 바로 그것을 의미한다.

아이러니하게도 데이터의 주체인 개인에게는 가용성이 결여되어 있다. 기업은 '데이터 내려받기' 기능을 제공하며 투명성을 강조하지만, 막상 받아본 데이터는 맥락이 거세된 파편일 뿐이다. 반면 기업은 이 조각들을 기계학습 모델에 투입해 "당신은 이런 사람"이라는 결론을 생산한다.

쇼샤나 주보프가 말한 '감시 자본주의'의 핵심이 여기 있다. 데이터는 원자재로 추출되지만, 주체는 그 해석 과정에서 철저히 배제된다. 이 배제는 우연이 아니다. 자크 데리다가 지적했듯 아카이브를 구성하고 접근을 통제하는 행위는 본질적으로 정치적이다. 기록이 예측 모델로 치환되는 순간, 기록의 주체는 미래를 기획하는 인간이 아니라 분류와 통제의 객체로 전락한다.

위상(Topology)의 재편: 선택이 아닌 배제의 알고리즘

추천 알고리즘은 흔히 "무엇을 보여줄까"를 고민하는 도구로 묘사되지만, 더 근본적인 기능은 "누가 연결될 자격이 있는가"를 심사하는 것이다.

이 권력은 종종 명확한 금지가 아닌 비가시화의 형태로 작동한다. '섀도우 밴'이라 불리는 현상이 대표적이다. 계정은 살아있고, 게시물은 올라가며, 알림도 발송된다. 그런데 조회수는 0 근처를 맴돈다. 이런 상황에서 개인이 내릴 수 있는 해석은 제한적이다. "요즘 반응이 없네" 라는 정도의 관찰이거나, "내가 재미없어서 그렇겠지"라는 자기 귀책의 결론에 머문다. 하지만 전달 경로, 즉 피드·검색·추천으로 이어지는 배포 경로가 이미 끊겼을 가능성은 쉽게 떠올리지 못한다. 결국 개인은 자신의 존재가 왜 비가시화되는지 설명할 언어조차 찾지 못한다.

이는 단순한 선택의 문제를 넘어 사회적 그래프의 위상을 다시 짜는 행위다. 네트워크 과학에서 사람(노드)과 관계(엣지)의 전체 구조를 조정한다는 것은, 특정 존재를 연결망에서 단절시킬 수 있음을 의미한다. 알고리즘에 의해 연결이 끊긴 노드는 아무리 외쳐도 반응을 얻지 못한다. 반응이 없는 존재는 현실감을 상실하며, 그 공백을 틈타 "네가 무능해서 외면된 것"이라는 책임의 전가가 시작된다. 개인화된 추천 시스템은 우리를 각자 다른 세계에 가둠으로써 공통의 참조점을 해체하고, 사회적 노드의 생존 여부를 가르는 절대적 연결 권력을 행사한다.

흔히 말하는 '책임의 개인화'는 도덕적 교육의 산물이 아니라 네트워크 구조의 결과다. 연결이 끊긴 개인은 자신의 고통을 설명할 맥락을 호출할 수 없다.

실업이나 빈곤의 원인을 산업 구조의 재편이나 정책의 실패와 연결해 설명하려 해도, 그 서사를 실어 나를 네트워크가 차단되어 있다면 그 목소리는 닿지 않는다. 지그문트 바우만이 말한 '잉여 인간'의 조건이 바로 이것이다. 기록에는 남지만 정책적 고려 대상에서는 누락된 존재. 통계에는 집계되지만 사회적 맥락에서는 분리된 노드.

사회를 지탱하는 시스템은 개인에게 문제 해결의 책임을 요구하면서도, 문제를 해결할 연결 자원은 제공하지 않는다. 접근할 수 없는 자원으로 문제를 해결하라는 명령은 폭력에 가깝다. 원인은 구조적이지만 결과는 개인적으로 체감되는 이 비대칭성 속에서, 개인은 사회라는 시스템의 과부하를 홀로 떠맡은 채 무너져간다.

공동선의 재설계
: 최소 노드 가용성(Minimum Node Availability)

이 지점에서 공동선은 추상적 윤리를 넘어 시스템 설계의 원칙으로 다시 사유될 필요가 있다. 기술에 의해 소거되지 않을 인간의 권리를 설명하기 위해, 시스템 엔지니어링의 언어를 빌려 '최소 노드 가용성(Minimum Node Availability)'이라는 개념을 제안한다. 이는 어떤 개인도 디지털 공론장에서 영구적으로 발견되지 않는 상태로 수렴하지 않도록 보장하는 최소한의 조건이다. 일시적 단절은 불가피하지만, 완전한 외면만큼은 방지되어야 한다.

이는 윤리적 구호라기보다 설계의 문제에 가깝다. 네트워크가 손실을 전제로 재전송과 확인 응답(ACK) 같은 메커니즘을 통해 신뢰성을 높이듯, 사회 시스템 역시 특정 노드가 일시적으로 단절되더라도 영구적으로 '0'에 수렴하지 않도록 하는 최소한의 프로토콜을 갖추어야 한다. 이 관점에서 보면, 한나 아렌트가 말한 '공적 영역에 등장할 권리'는 '연결성을 확보할 권리' 로 다시 읽힐 수 있다.

이를 위해 다음의 세 가지 프로토콜을 요구할 수 있다.

· **영구적 소거의 금지**: 플랫폼의 자의적 판단에 따른 영구 차단은 극단적인 예외에 한정되어야 하며, 이에 대해서는 투명한 소명 절차가 보장되어야 한다.

· **로그 접근 권한의 회복**: 개인은 자신에 대한 데이터가 어떤 알고리즘적 분류를 거쳤는지 최소한의 로그를 조회할 권한을 가져야 한다.

· **최소 참조 가능성의 보장**: 어떤 존재도 검색과 노출의 체계에서 완전히 색인 제외되지 않도록, '발견될 권리'의 최소 기준을 설정해야 한다.

최소 노드 가용성 원칙은 무제한 방임을 의미하지 않는다. 네트워크 보안에서 방화벽이 악성 트래픽을 차단하되 정당한 패킷까지 무차별 드랍하지 않도록 정교하게 설계되듯, 사회적 플랫폼 역시 명백한 위해 행위에 대한 일시적 제한과 투명한 이의 제기 절차를 병행해야 한다는 것이다. 문제는 차단 자체가 아니라, 차단의 자의성과 영구성, 그리고 불투명성이다. 악성 행위자를 걸러내는 것과, 특정 집단을 조용히 비가시화하는 것은 전혀 다른 권력 행사다.

최소 노드 가용성은 후자를 방지하기 위한 안전장치이며, 전자를 부정하지
않는다.

함께 잘 사는 것이 아니라, 완전히 지워지지 않는 것

연대는 이미 연결된 사람들 사이에서 가능하다. 그러나 지금의 위기는 연결
자체가 조작되고 차단되는 구조적 단계에 있다. AI 시대의 공동체는 무엇을
함께 할 것인가를 약속하기 전에, 서로를 사회적 네트워크에서 제거하지 않
을 것을 보장하는 '연결의 공동체'여야 한다.

　최소 노드 가용성이 담보되지 않는 사회에서 책임은 윤리가 아니라 처벌이
된다. 공동선은 이제 선량함의 문제가 아니라, 완전한 탈락을 금지하는 시스
템 조건의 문제다. 공동선은 효용의 극대화가 아니라 탈락의 방지이며, 모두
를 행복하게 만드는 것이 아니라 누구도 완전히 지워지지 않게 만드는 것이
다. 함께 잘 사는 것이 아니라, 완전히 소외되지 않는 것. 이것이 기술 독점 시
대에 우리가 회복해야 할 공동선의 최소 정의이자 최대 과제다.

N
S

이웃의 범위를 넓히는 일

전호근

동양철학 중에서 공맹유학과 조선성리학을 전공했다.
현재 경희대 후마니타스칼리지 교수로 재직중이다.

닫힌 문과 빈 택배 상자

오늘도 아파트 복도의 닫힌 문 앞에는 택배 상자들이 성벽처럼 쌓여 있다. 우리는 문과 택배 상자를 사이에 두고 철저히 분리된 세계에 살고 있는 것이다. 엘리베이터에서 이웃을 만나면 스마트폰으로 시선을 돌리고, 층간소음이 들리면 천장을 향해 적개심을 불태운다. 이것이 우리가 '효율'과 '개인'의 이름으로 만든 현대적 삶의 풍경이다. 가끔 균열이 생긴다. 폭설이 내려 경비아저씨가 혼자 눈을 치우다 지쳐갈 때, 누군가 빗자루를 들고 나온다. 그러자 약속이라도 한 듯 여기저기서 문이 열리고 사람들이 모여든다. 이 짧은 순간, 우리는 '나'라는 성벽을 허물고 '우리'라는 광장으로 나온다. 수천 년의 역사를 가진 동아시아의 '공동선'은 바로 이 문이 열리는 찰나의 순간에 존재한다.

농사의 시대, 공동선이 시작되다

동아시아 사회에서 공동선의 탄생은 기원전 7, 8세기까지 거슬러 올라간다. 기원전 8세기 중반 동아시아에서 인구밀도가 가장 높았던 중국에서는 커다란 사회, 경제적 변화가 일어났다. 기원전 11세기 이래 거의 400년 가까이 중국을 지배해 왔던 주나라의 봉건질서가 무너지면서 봉건 귀족이 아닌 평민 출신의 지식인 엘리트가 등장한 것이다. 이 같은 변화의 배경에는 기원전 8세기 무렵부터 시작된 과학기술의 비약적 발전과 함께 농업 생산력의 급증이라는 중대한 경제적 변화가 있었다. 곧 철제농기구의 제작, 이랑재배와 우경(牛耕), 관개수로의 발달, 새로운 교통수단의 개발 등 농업 기술의 발전은 생산력의 급격한 성장을 가져왔을 뿐만 아니라 이전까지 고립된 상태로 단절되어 있었던 제후국 간의 활발한 교류로 이어졌다. 경쟁의 시대가 열린 것이다.

특히 중요한 변화는 광범위한 농민층의 형성이었다. 수렵이나 채집 또는 노예 노동에 의존해오던 산업 구조가 농민에 의한 작물 경작으로 대체되면서 토지의 개간과 생산의 증대에 필요한 노동력의 제공자로 민(民)의 중요성이 그 이전 시기에 비해 획기적으로 증대된 것이다. 공동선의 출현이 농민층의 탄생과 밀접하게 연관되는 이유도 여기에 있다. 농업 생산력이 비약적으로 늘면서 농민은 단순한 노동력이 아니라 공동체 유지의 핵심 주체로 부상했고 벼농사 중심의 노동집약적 농업은 자연스레 상호의존적 농촌 공동체를 필요로 했기 때문이다.

이 과정에서 농민은 단순한 생산자를 넘어 스스로 규칙을 만들기 시작했는데 이들의 규칙을 세련된 형식의 도덕률로 수렴한 것이 공자, 맹자, 순자로 대표되는 유가 학파였다. 나아가 농민층의 역할에 주목하면서 이들의 안녕을 보장하고 그로 인해 획득된 자발적인 협력을 바탕으로 새로운 공동체적 질서를 수립하려는 시도가 덕치주의, 왕도주의, 민본주의 같은 정치사상으로 발전하게 된다. 그 과정에서 그들은 새로운 시대적 가치를 수렴하는 독특한 사상을 구성하였는데 이 시기 그들이 수립한 가치는 대부분 공동선에 해당하는 덕목이다. 이 가운데 공자가 강조한 인(仁)은 여러 면에서 동아시아 최초의 본격적 공동선 개념이었다. 물론 이전에도 천명(天命)이나 종법(宗法)에 의한 도덕률이 있었지만 이들 관념은 주로 지배자의 권력을 정당화하는 수직적 질서에 머물렀기 때문에 공동선이 되기에는 보편성이 부족했다. 기존의 도덕률이 명령에 따르는 수동적 순종을 강조했다면 '인'은 개인이 내면에서 스스로 실천해야 할 자율적 의지로, 혈연이나 계급을 넘어 사람과 사람 사이의 관계에서 마땅히 지켜야 할 보편적 도덕을 제시했을 뿐 아니라 공동체 구성원 전체의 공존을 위한 도덕률이라는 점에서 명확하게 구분된다.

공자는 '군자(君子)'라는 이상적인 인간상을 제시했는데, 군자가 가져야 할 덕목에 해당하는 견리사의(見利思義: 이익을 보면 올바름을 생각함), 극기복례(克己復禮: 사욕을 이기고 예를 실천함), 살신성인(殺身成仁: 자신을 희생하여 인을 이룸) 등은 모두 인의 한 방편이자 공동선을 지향하는 내용으로 현대를 살아가는 우리에게도 곱씹어볼 만한 가치가 있다.

인(仁)과 서(恕): 관계의 확장이라는 공동선

한 번은 유교문화와 갑질의 상관관계에 대해 학보사 인터뷰 요청을 받은 적이 있다. '유교 탓'으로 문제를 돌리려는 단순화된 시각이 보여 못마땅했지만, 오히려 공동선으로서의 유교적 덕목을 말해볼 좋은 기회라 생각해 이렇게 답했다.

유교의 핵심 가치는 인(仁)이고, 공자가 이를 가장 쉽게 표현한 말이 "내가 바라지 않는 것을 남에게 강요하지 말라(己所不欲 勿施於人)"는 황금률이다. 이 말을 갑질에 적용하면 "다른 사람이 나에게 갑질하는 게 싫으면 너도 다른 사람에게 갑질하지 말라"는 말로 바꿀 수 있겠다. 따라서 갑질은 유교의 도덕률과 명백히 배치된다. 그리고 이는 비단 갑질에 국한되지 않는다. 내가 원치 않는 일을 남에게 하지 않으려면, '남도 나와 같은 욕망과 감정을 가진 존재'라는 인식이 선행되어야 한다. 공동선은 바로 이 인식에서 출발한다. 타인의 입장을 상상하고, 그 마음을 헤아리고 나와 똑같이 존중하는 데서 공동선이 탄생하는 것이다. 공자가 말한 인의 본질은 곧 '관계의 확장'이다. 맹자도 다르지 않다. '내 부모를 공경하는 마음을 미루어 남의 부모를 공경하고, 내 아이를 사랑하는 마음을 미루어 남의 아이를 사랑하라'며 사랑의 확충을 강조했으니 말이다. 식당에서 아이가 소란을 피울 때, 우리는 두 갈래 길에 선다. 하나는 '내 자식 아니니 상관없다'며 눈살을 찌푸릴 수도 있고,

'저 부모도 힘들겠구나' 하며 내 아이의 어린 시절을 떠올릴 수도 있다. 전자는 자본주의적 개인주의의 길이고, 후자는 동아시아적 공동선의 출발점인 인(仁)의 길이다.

공자는 인을 실천하는 구체적인 방법으로 '서(恕)'를 강조했다. 흔히 '용서한다'는 의미로 쓰이는 문자인 '서(恕)'는 본래 내 마음을 미루어 타인의 사정을 헤아린다는 뜻으로 '나'의 범위를 타인에게까지 조금씩 넓혀가는 과정이다. 이를테면 인터넷 커뮤니티나 SNS에 댓글을 달기 전, "누군가 내 게시글을 읽고 무례한 댓글을 달면 내 기분은 어떨까?"를 스스로 물어보고, 내가 상처받기 싫은 말은 남에게도 쓰지 않아야 한다고 생각하게 되는 것이 '서'이다. 결국 ' 서'는 거창한 희생이 아니라, "내가 대접받고 싶은 대로 남을 대접하라"는 나사렛 예수의 황금률을 일상에서 실천하는 것일 뿐이다.

'천하위공(天下爲公)'과 쓰레기 분리수거장

아파트 재활용품 분리 수거장은 공동선의 긴장이 가장 날카롭게 드러나는 공간이다. 내가 귀찮다는 이유로 대충 버린 플라스틱 용기는 누군가의 고된 노동이 되거나, 결국 돌고 돌아 미세 플라스틱이 되어 내 식탁에 오른다. 어떤 이유에서든 공동선을 놓아버리는 순간 공동체는 말할 것도 없고 나에게도 해로운 결과가 초래되는 것이다. 유가 철학자들이 꿈꾸던 대동(大同) 사회의 기초에는 '천하위공(天下爲公)'이라는 가치가 있다. 우리가 사는 이 세상은 한 개인의 소유물이 아니라 모두의 것이며 한 세대의 것이 아니라 모든 세대의 공유물이라는 뜻이다. 내가 가진 자원이나 공간이 오직 '내 것'이라고 믿는 순간 공동선은 사라진다. 하지만 나는 잠시 빌려 쓰는 사람일 뿐이며, 다음 사람을 위해 남겨두어야 한다고 생각할 때 비로소 '공동선'이 살아난다. 분리수거장에서 이물질을 헹궈내는 사소한 수고는, 세상을 사유물이 아닌 공유물로 바라보는 동아시아적 지혜의 현대적 실천이다.

다시, 문을 열며

동아시아의 공동선 전통은 우리에게 거창한 혁명을 요구하지 않는다. '나'라는 좁은 울타리에서 벗어나 옆집 사람의 얼굴을 보고, 내가 쓰는 물건의 출처를 생각하며, 나와 다른 목소리에 귀 기울이기를 권할 뿐이다. 우리는 각자도생의 정글에 살고 있는 것처럼 보이지만, 실은 공동체라는 그늘 아래 함께 살아가고 있다. 오래전 동아시아의 농민들이 생존을 위해 공동선을 만들었던 것처럼 오늘의 우리에게도 공동선은 생존을 위한 필수 조건이다. 공동선은 한갓 미덕이 아니라 생존의 문제이며 그것이 우리가 닫힌 문을 열어야 하는 이유다.

실학자들은 공동선을 어떻게 고민했을까?

김태희

다산연구소 이사장이며, 실학박물관 관장을 역임했다.
조선시대 정치사상과 실학, 리더십을 탐구하고 있다.

636년 겨울, 병자호란의 참화를 피해 한양도성을 떠나 피난길에 올랐던 열다섯 살의 유형원. 이듬해 그는 인조가 삼전도에서 청 태종에게 굴욕적인 항복례를 올렸다는 소식을 듣는다. 오랑캐라 낮춰 보았던 청나라에 무릎을 꿇은 것이다. 백성들은 전쟁의 참화 속에서 이루 말할 수 없는 고통을 겪었다. 도대체 어떻게 이런 일이 벌어졌을까?

조선이 겪은 이 충격은 단지 한 나라의 외교 실패가 아니었다. 그것은 동아시아 질서 전체가 뒤집히는 격변의 한 장면이었다. 명나라는 조정 내부의 부패와 권력 다툼으로 급속히 약화되었고, 1644년 이자성의 반란 속에서 황제는 자결로 생을 마감한다. 그 혼란을 틈타 청은 베이징에 입성하며 중원의 패자가 되었다. 황종희(1610~1695) 역시 이러한 몰락을 지켜본 인물이었다. 그는 한때 청에 무력으로 저항했지만, 끝내 명의 부흥이 불가능하다는 현실을 인정하게 된다. 왜 이 지경에 이르렀을까? 그의 고민은 『명이대방록』에 담겨 있다.

사천하의 시대, 공천하의 상실

"옛날엔 천하가 주인이고, 군주가 객이어서, 군주가 일생 동안 경영하는 것은 천하를 위해서였다. 지금은 군주가 주인이고, 천하가 객이어서, 천하의 어느 곳도 평안하지 못한 것은 군주 때문이다."

천하가 주인인 '공천하(公天下)'가 사라지고, 군주 일인이 주인인 '사천하(私天下)'가 등장한 것이다. 황종희는 명나라의 패망을 이런 '사천하'에서 찾았다. 황제가 그의 막강한 권한을 사사로이 행사했기 때문에 나라가 망했다고 생각했다.

황종희는 이 책에서 사대부로서의 의지를 밝혔다. "내가 나가서 벼슬하는 것은, 천하를 위한 것이지 군주를 위한 것이 아니며, 만민을 위한 것이지 군주 일가를 위한 것이 아니다." "천하의 다스려짐과 어지러움은 군주 일가의 흥망에 달린 것이 아니라, 만백성의 근심과 즐거움에 달려 있다." 공천하의 관점에서 보면 신하는 군주의 '사람'이 아니다. 그는 임금을 보좌하지만, 임금의 사적인 뜻을 따르는 존재는 아니다. 그의 눈은 군주가 아니라 백성을 향해야 한다. 충성의 대상이 개인이 아니라 공적인 질서일 때, 비로소 정치는 바로 선다. 이를 봉공(奉公), 곧 공을 받들어 섬기는 태도라 한다.

동시대 인물인 조선의 사대부 반계 유형원(1622~1673)은 나라의 치욕을 씻을 방안을 모색했다. 그리하여 저술한 『반계수록』에서 이렇게 말했다. "왕도가 폐기되고 만사가 기율을 잃어버리면서 처음엔 사사로움에서 법을 만들더니 [因私爲法] 종국엔 오랑캐가 중화를 몰락시키기에 이르렀다. 우리나라는 고루한 법을 바꾸지 못한 게 많은 데 더해 쇠약함이 쌓이더니 결국엔 큰 치욕을 입게 되었다."

공을 세우는 제도, 봉공의 정치

황종희의 문제의식과 통했다. 유형원의 『반계수록』은 국가의 공공성과 제도의 공정성을 확보하기 위한 국가제도 개혁방안이었다. 이 책의 상당 부분 등을 토지제도 개혁안에 할애했는데, 그의 결론은 공전제(公田制)였다. 『반계수록』에서 그는 나라를 다시 세우기 위한 방안을 모색했다. 그가 주목한 것은 토지였다. 법이 사사로운 이익에 따라 움직인다면, 그 출발점이 되는 경제 구조부터 바로잡아야 한다고 본 것이다. 그가 제안한 공전제는 토지를 국가가 관리하고, 농사를 짓는 사람에게 경작지를 나누어 주는 제도였다. 모든 사람이 최소한 먹고 살 기반을 가져야 세금과 군역도 공정하게 요구할 수 있다고 생각했다. 경작자에게 경작지를 나눠주는 공전제는 그가 모색한 국가제도 개혁안의 근간이 되었다. 공전 지급(생활 보장)과 의무 부담(조세·군역)이 지급 토지를 기준으로 하여 서로 결부되었다.

유형원의 개혁 구상은 다산 정약용에게 이어졌다. 『경세유표』에서 그는 나라의 제도를 전반적으로 다시 설계하려 했다. 겉으로 보면 국왕을 중심으로 한 강한 행정 체제를 그린 것처럼 보인다. 하지만 정약용이 생각한 국왕은 절대 권력자가 아니었다. 그는 국왕을 '공적인 자리'로 이해했다. 사적인 이익이 아니라 나라 전체를 위해 판단해야 하는 위치라는 뜻이다. 당시 군주제의 위계 사회에서 힘없는 백성이 기댈 수 있는 마지막 울타리는 국가였다. 그래서 정약용은 국왕이야말로 공공성을 구현해야 할 자리라고 보았다.

반계와 다산처럼 실학자들은 대체로 국가의 기능과 국가 제도를 중요하게 여겼다. 그런데 시스템도 중요하지만 이를 운영하는 사람도 중요하다. 더욱이 제도 개혁은 언제 이뤄질지 알 수 없다. 다산은 국가 제도 전반에 대한 개혁안으로 『경세유표』를 쓰는 한편, 백성에게 직접적인 지방 행정에 관한 『목민심서』를 저술했다. 『목민심서』는 제도 개혁을 기다리지 않고, 현행의 제도에서라도 당장 지방 행정 책임자가 행정을 잘하길 바라는 마음에서 쓴 책이다. 그는 『목민심서』에서 지방 행정 책임자에게 필요한 세 가지 덕목으로 율기(律己, 자기 규율)·애민(愛民)과 함께 봉공(奉公)을 꼽았다.

공과 사 사이의 긴장

'공천하'는 유교의 이상적인 사회상이기도 했다. 동양 고전 『예기(禮記)』의 '예운(禮運)' 편에는 '천하위공(天下爲公)'의 모습을 대략 다음과 같이 묘사했다. 어진이와 능력 있는 이를 뽑아 쓰며, 신의가 있고 화목한 사회다. 오로지 자기 부모만을 부모로 여기지 않고, 오로지 자기 자식만을 자식으로 여기지 않는다. 재화를 자기만을 위해 쌓아두지 않으며, 도둑질과 난동이 생기지 않으니, 대문을 닫지 않아도 된다. 이를 '대동(大同) 세상'이라고 일컬었다.

봉공 의식은 '멸사봉공(滅私奉公)'이란 말로도 표현된다. 공무원이 공적인 지위를 이용해 공익에 어긋나는 사익을 추구하는 일은 물론 없어야겠지만, '멸사'란 단어가 너무 극단적이다. 경험적으로 그 단어의 취지가 의심스럽다. 아이러니하게도 독재자나 '멸공봉사'하는 사람이 '멸사봉공'을 곧잘 강조하곤 했다. 말로는 '멸사봉공'을 외치지만, 기실은 독재자가 권력을 사유화하여 부패했던 역사가 있다.

오늘날 민주 사회의 관점에서 볼 때, '전체'의 이름으로 개인의 자유와 권리를 일방적으로 제약하거나 희생을 강요할 수는 없다. 공익과 사익은 때로 충돌하지만, 반드시 대립적인 것만은 아니다. 공동체의 이익은 개인의 삶을 지탱하고, 개인의 권리는 공동체를 건강하게 유지하는 조건이 되기도 한다. 중요한 것은 두 영역 사이의 긴장을 인정하면서, 상충하는 이해관계를 숙고하고 조화와 균형을 모색하는 태도다.

공동선을 회복하는 조건

오늘날 '공'의 개념은 '공공성(公共性)', '공공선(公共善)', '공익', '공공 가치' 등으로 표현된다. 이러한 공공성 내지 공공선을 저해하는 요인은 여러 가지가 있다. 정치와 공직 사회에서 공직자가 누리는 지위와 권력을 쟁취한 전리품으로 간주하는 것도 그 하나다. 공적 지위와 권한은 '위임된 권력'이다. 그에 상응하는 책임이 수반되며, 권력 자체에 내재적 한계가 있기 마련이다. 이것을 간과하거나 무시하면 공직이 사사로이 남용될 우려가 있다. 공공성을 확보하기 위해 법·제도적 차원에서, 권한을 사사로이 독점하고 전횡하는 것을 방지할 수 있도록 '견제와 균형'의 원리가 작동하도록 해야 한다. 또한 공무원의 신분과 공적 지위를 보장하는 것도 중요한데, 우리 헌법(대한민국 헌법 제7조)은 공무원을 '국민 전체에 대한 봉사자'로 규정하고, 공무원의 국민에 대한 책임과 신분 보장을 규정하고 있다.

이러한 제도적 보장은 매우 중요하다. 그러나 이것만으로는 부족하다. 개인의 도덕적·윤리적 결단이 없다면 제도도 무용지물이다. 또한 개인의 각성과

의식을 위해 사회문화적 차원에서 '공동선'을 추구하는 풍토가 필요하다.

공동선은 공공선과 개념적으로 겹치면서도 미묘한 차이가 있다. 공공선이 제도적으로 보장되어야 할 공적 이익을 가리킨다면, 공동선은 우리가 함께 살아가며 지향해야 할가치와 삶의 방향을 묻는 개념에 가깝다. '공동선'은 공과 사를 대립시키지 않으면서 아우르고 있다. 너와 나 그리고 공동체 구성원 모두에게 공통으로 '선'인 것이 무엇일까 고민하게 한다. 또한 공동체의 규모는 더욱 커질 수 있다. 국가적 차원의 선에서 더 나아가 지구촌 인류 전체의 선을 고민할 수 있다.

오늘날 차별과 혐오 조장, 그리고 진영 논리는 공동선과 크게 어긋난다고 말할 수 있다. 무릇 어느 사회든 갈등 요인은 있다. 그러나 의도적으로 차별과 혐오를 조장하여 공동체 구성원을 갈라치기하는 것은 공동체를 파괴하고 분쟁을 통해 사사로이 권력을 추구하는 행위이다. 또한 진영 논리에 빠지면 공동체 차원에서 옳고 그름의 규범적 판단을 방기하게 된다.

오늘날 우리는 누군가의 성공이 다른 누군가의 희생 위에 세워지는 제로섬의 현실을 자연스럽게 받아들이는 경향 속에 살고 있다. 각자도생의 분위기와 심화되는 양극화는 공동체의 기반을 잠식한다. 조선 후기 실학자들이 국가 실패의 원인을 공공성의 붕괴에서 찾고 이를 제도적으로 회복하려 했던 이유도 여기에 있다. 공공성의 확보는 제도 개선만으로 완성되지 않는다. 공동체 구성원이 공동체 의식을 회복하고, 서로에게 공통으로 선이 되는 방향을 함께 모색할 때 비로소 공동선은 현실성을 갖는다.

생성형 AI의 시대에도 글을 읽고 써야 하는 이유

원만희(성균관대 학부대학 교수)

'위고비'와 '챗GPT'

비만 치료제 위고비가 테슬라의 창업자 일론 머스크의 다이어트 비결로 알려지면서 국내에서 큰 화제가 되었다. 위고비는 비만으로 다양한 합병증을 겪는 환자들에게 획기적인 치료제로 등장했지만, 최근에는 외모를 중시하는 현대인의 욕망을 충족시키는 의료기술의 산물로도 각광받고 있다. 가격이 비싸다는 점을 제외하면, 위고비는 식욕 자체를 줄여 체중 감량 과정에서 따르는 불편함과 고통을 크게 줄여 준다. 그 결과 살을 빼기 위한 노력과 과정은 점점 비효율적으로, 어쩌면 어리석게까지 보이기도 한다. 이제 감량이라는 목표 앞에서 우리는 피트니스 센터에서 힘들게 운동을 하거나, 위고비를 처방받는 선택지 사이에 놓이게 되었다.

이 장면을 바라보며 요즘 빠르게 확산되고 있는 생성형 인공지능이 떠오른다. 챗GPT나 제미나이 같은 인공지능은 사람을 대신해 글을 읽고 쓰는 지적 활동을 수행한다. 그것도 상당히 능숙하게 말이다. 이러한 기술은 병리적 난독증을 겪는 사람들에게 일정한 도움을 줄 수도 있다. 긴 치료 과정이나 문자 습득 교육을 거치지 않더라도 일정 수준의 읽기와 쓰기 기능을 대신 수행할 수 있기 때문이다. 문제는 글을 읽고 쓰는 일이 어렵다고 느끼는 사람들, 이른바 사회적 난독증을 경험하는 사람들 사이에서 챗GPT가 쉽게 의존의 대상이 되고 있다는 점이다.

이 현상의 핵심에는 하나의 공통된 원인이 있다. 바로 과정의 소멸이다. 고통스럽고 번거로운 칼로리 소비의 과정을 건너뛰고 체중을 줄일 수 있듯이, 이제 우리는 긴 글을 직접 읽지 않아도 요약을 얻을 수 있고, 원하는 주제의 글을 몇 초 만에 만들어낼 수도 있다. 여러 편의 글을 읽고 생각을 정리하는 문해의 과정은 사라지고, 그럴듯해 보이는 결과물만이 남는다. 그러나 위고비로 인해 체중계의 숫자가 달라졌다고 해서 그것이 곧 건강을 의미하지 않는 것처럼, 챗GPT가 만들어 준 글 역시 개인의 지적 성과를 그대로 대변하지는 않는다. 첨단 기술이 가능하게 한 과정의 생략은 편리함을 제공하지만, 동시에 인간의 몸과 마음 두 영역의 건강을 서서히 약화시킬 위험을 내포하고 있다.

리터러시의 위기

근래 들어 많은 사람들이, 특히 아동·청소년층의 상당수가 문자 해독과 사용에 어려움을 겪고 있다고 말한다. 말 그대로 사회적 난독증이 확산되고 있다. 이러한 현상은 정보 전달과 수용 과정에서 문자의 기능을 대체하는 디지털 정보기술의 발전과 무관하지 않다. 디지털 매체가 일반화되면서 문자나 문헌 텍스트를 충분히 거치지 않고도 정보의 전달과 소통이 가능해졌기 때문이다. 여기에 방대한 텍스트를 학습해 인간과 유사하게 문장을 이해하고 생성하는 거대 언어모형 기반의 생성형 AI가 등장하면서 이러한 경향은 더욱 강화되고 있다.

위고비를 언급한 이유도 여기에 있다. 위고비가 체중 감량을 위한 고통스러운 육체적 과정을 대신하듯, 챗GPT 역시 독해와 작문에 필요한 지적 과정을 상당 부분 대체할 수 있기 때문이다. 이제 긴 글을 직접 읽지 않아도 요약을 얻을 수 있고, 자료를 탐색하거나 생각을 정리하지 않아도 그럴듯한 글을 만들어 낼 수 있다. 간단한 질문에는 즉각적이고 전문적으로 보이는 답변이 제공되며, 어려워 보이던 글쓰기 과제들도 손쉽게 해결된다. 생성형 AI의 결과물은 문장이 깔끔하고 문맥 또한 논리적으로 보인다. 적어도 겉으로는 그렇다. 이러한 점에서 챗GPT는 사회적 난독증을 겪는 사람들, 특히 디지털 기기에 익숙한 청소년과 젊은 세대에게 강한 유혹이 된다. 물론 챗GPT는 다양한 정보에 접근하게 하고 문제 해결에 도움을 주는 협업 도구가 될 수도 있다. 그러나 문해력의 형성이 무엇보다 중요한 학생들에게 그것은 동시에 위험을 내포한다. 비만 환자를 위한 치료제가 다이어트 수단으로 사용될 수 있듯이, 챗GPT 역시 학업의 어려움을 피하려는 학생들에게 대필 도구로 남용될 가능성이 있다. 여기에 일부 교육자들이 첨단 매체의 활용을 교육 혁신으로 간주하며 학습 효율을 높이는 도구로 적극 도입해야 한다고 주장하는 점도 우려를 더한다. 정보기술의 교육적 활용이라는 이름 아래에서 말이다.

이러한 흐름이 계속된다면 청소년들은 문해력의 위기에 더욱 깊이 노출될 가능성이 크다. 아직 충분히 성숙하지 않은 문해력을 지닌 학생들에게 AI는 학습의 조력자라기보다 의존의 대상으로 작용할 수 있기 때문이다. 생성형 AI가 가능하게 한 사고의 위탁과 외주화는 지적 근육을 약화시키고, 나아가 사고력 자체의 퇴화로 이어질 가능성도 있다. 챗GPT 없이는 스스로 한 줄의 글도 쓰기 어려운 학생들이 늘어날 수 있다는 우려가 제기되는 이유도 여기에 있다.

글을 읽고 쓴다는 것의 인간학적, 실존적 의미

문해력이 위기로 치닫고 있는 지금의 상황에서 글을 읽고 쓰는 행위의 인간학적 의미를 다시 생각해 볼 필요가 있다. 자연지능을 지닌 인간에게 글을 읽고 쓴다는 것은 단순한 정보 전달이나 의사소통의 기능으로 환원될 수 없다. 그렇게 이해하는 것은 결과나 겉모습만을 바라보는 것에 불과하다. 글을 읽고 쓰는 과정에서 생각은 반성되고 명확해지며 깊어지고 확장된다. 예컨대 글을 쓴다는 것은 머릿속에 떠오른 추상적인 생각을 밖으로 표현함으로써 그것을 눈으로 확인하고 정리하는 과정이다. 글을 읽는 일 또한 마찬가지다. 타인의 생각을 문자로 따라가며 이해하는 과정에서 생각은 점차 명료해지고, 새로운 연관이 생기며 또 다른 사유로 이어진다.

이런 점에서 읽기와 쓰기는 사고가 형성되고 확장되는 하나의 인지 과정이라 할 수 있다. 또한 글을 읽고 쓰는 과정에서 인간은 서로 소통한다. 각 개인은 고유한 생활세계 속에서 살아가지만 문자언어를 통해 타인과 생각을 주고받고, 때로는 자기 자신과도 대화를 나눈다. 문자 사용을 통해 열리는 의미의 추상적 공간 속에서 인간은 타인과 교류하고 동시에 자신을 성찰한다. 이러한 공간에서 인간은 자신과 함께 살아가는 타인을 새롭게 발견하고, 그 과정에서 자신과 타인의 정체성을 되묻고 확인하며 미래의 모습을 형성해 간다. 이것이 글을 읽고 쓰는 인간에게 나타나는 고유한 실존적 모습이다. 물론 이러한 의식의 전개가 오직 읽기와 쓰기에서만 일어나는 것은 아니다. 사람은 생각하거나 대화하는 과정에서도 비슷한 경험을 할 수 있다. 그러나 시공간적 제약을 덜 받는 읽기와 쓰기의 문해 과정에서는 이러한 의식이 더욱 선명해지고 지속성을 가지며 깊이 확장된다.

과거에서 시작해 현재를 거쳐 미래로 이어지는 의식의 흐름 속에서 인간은 자신의 정체성과 역사성을 유지하기 위해 하나의 추상적 소통 공간을 필요로 한다. 그것이 바로 문자의 사용을 통해 열리는 문화라는 공간이다. 글은 인간이 사유 주체로 살아가기 위한 근본 조건이며, 문화적 실천 속에서 인간은 자신의 정체성을 유지하고 형성한다. 그럼에도 불구하고 글을 읽고 쓰는 일을 인공지능에게 맡기는 것은 사고의 외주화에 가깝다. 이는 곧 추상적 삶과 사유의 삶, 문화적 삶을 스스로 축소시키는 일이기도 하다. 그렇기에 인공지능이 인간처럼 글을 읽고 쓸 수 있는 시대일수록 읽기와 쓰기의 인간학적·실존적 의미는 오히려 더욱 중요해진다. 인공지능 기술의 비약적인 발전과 그 활용은 매우 매력적인 해결책처럼 보인다. 그러나 전인적이고 교육적인 관점에서 볼 때, 이러한 기술이 가져올 미래—특히 젊은 세대에 미칠 영향—에 대해 우리는 여전히 깊은 우려를 거둘 수 없다.

We were going on . . .

Vol.01

경이로운 세상에 관하여

Vol.02

인공지능과 인간에 관하여

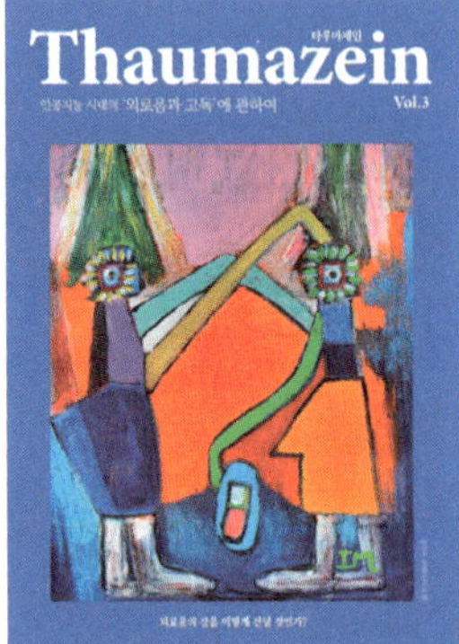

Vol.03

인공지능 시대의
'외로움과 고독'에 관하여

Vol.04

기후 위기와 인류의 미래에 관하여

Vol.05

한류, K에 관하여

Vol.06

초개인주의 시대의 리더십에 관하여

Vol.07

우정

Vol.09

분노

Thaumazein

****** 타우마제인 정기구독 신청 안내 ******

구독료   3권   45,000원 (1년)
                6권   90,000원 (2년)
                     * 낱권 18,000원

입금 계좌번호   우리은행 1005-102-008981

                (주)캐럿글로벌

****

정기구독 문의

QR 코드를 찍으면 정기 구독 신청란이 나옵니다.

<타우마제인 매거진 원고 공모>

인문철학재단 타우마제인은 2026년 8월 발간 예정인 매거진 『타우마제인』 다음 호의 주제 '명상'에 관한 원고를 공모합니다. 우리는 끊임없는 연결과 속도의 시대 속에서 '멈춤'의 인문학적 의미를 다시 묻습니다. 단순한 개인적 치유를 넘어, 명상이 현대 사회에서 공동체적 가치를 회복하고 기술 중심의 환경 속에서 인간다움을 지켜내는 사유이자 실천이 될 수 있는지 탐구하고자 합니다. 심리학, 사회학, 기술철학 등 다양한 학문적 경계를 넘나드는 논의는 물론, 일상과 관계, 노동과 돌봄, 도시와 공동체 등 삶의 구체적인 장면 속에서 '명상'을 다시 사유하는 폭넓은 기록을 기다립니다.

공모 주제	"명상"과 관련된 자유주제
분량	200자 원고지 20매 이내 (약 4,000자 이내)
마감일	2026년 5월 31일 23:59까지
원고료	선정작에 한해 1매당 20,000원 지급 (최대 400,000원)
기타 안내	선정된 원고는 타우마제인 매거진 10호(2026년 8월 15일 발간 예정)에 게재되며, 일부는 유튜브 영상 및 홍보 콘텐츠로도 제작될 수 있습니다. 게재 시에는 사전 동의를 구한 후, 필명 또는 실명으로 표기됩니다.
제출 방법	이메일 제목: [원고응모]제목_이름 제출 파일: 원고(hwp/doc 중 택 1) 간단한 자기소개(200자 이내) 및 연락처(이메일/휴대폰) 포함

Web   www.thaumazein.co.kr
Email   admin@thaumazein.co.kr
Youtube   @thaumazeinorg
Instagram   @thaumazeinorg
Contact   서울시 용산구 이태원로 268-10 2층
             070-7418-4099

발행   캐럿 하우스
주소   서울시 용산구 한남동 이태원로 268-20
전화   02-518-5468
카피라이트 발행일   2026년 4월 15일
작성 등록일   2026년 4월 15일
등록번호   9772983-362000-09

공동선은 '나'가 '우리'가 되는 지점이다.